Ⓢ新潮新書

秋吉久美子　下重暁子
AKIYOSHI Kumiko　SHIMOJU Akiko

母を葬《おく》る

JN152635

1064

新潮社

まえがきにかえて

家に亀がいる。

ヨルダン生まれの「ギリシャリクガメ」で、中目黒のペットショップから駐禁のチケットを代償に買い求めたものだ。当時推定一歳とのことだったので、一年半経た今では、推定二歳半となる。

亀は哺乳類とは違い、母親から産み落とされるのではない。たぶん、ヨルダンの山あいに数知れず産みつけられた卵の一つから自力で殻を割り、この世に這い出てきたのだろう。その亀は今、故郷から遠く離れた日本で私にペットとして飼われ、フローリングの床の上を歩き、ソファの裏の暗がりでひっそりと心地よくしているようだ。老人のような顔と首をしているが、まだ幼児には違いない。

ついこの間、古希を迎えた。母を葬《おく》るに至ったこの年齢になって、湿っぽい郷愁で母を語るというのはいかがなものだろうと怖《おじ》ける。母を語ることは、自身の長い道程を改めて振り返ることだ。母という人間をキメ細かく想い起こし、枯れぬ泉のように、今も脈打つ母性への痛みと悲しみ、愛しさを辿る行程でもある。

母の口癖は「平凡ほど大切なものはない」だった。私が幼児の頃から信頼を置き合う仲であったはずが、私の人生はその言葉に大きく背くものとなった。母の愛を笠に着て、私は自分の人生の暴君となり果てた。巷では最近、こういった現象を「自己肯定感」とも呼ぶらしい。亀ほどではないが、私の根拠なき自己肯定感は、間違いなく母の愛に根ざしている。

幼稚園から呼び出しを受け、何があったのだろうと不安な気持ちで出かけると、「どうしたら、久美子ちゃんのような良い子になるのですか?」と先生から相談された。当時二十五、六の母は喜びに溢れた。駆けて帰った。その時から、私に絶対の信頼を置いた。中学生の頃、庭で私の名を呼ぶのでどうしたのかと飛んでいくと、満月を指差し、「久美子、お月様よ」と振り返る母だった。富士山の麓の小さな村出身で、親族一同スクラムを組み、身を寄せ合う暮らしから、父と出会い飛び出した。赤毛のアンのように勇敢だった。彼女は、お喋りな父が滔々《とうとう》と語る専門知識を頷いて聞いた。夫を得、子どもを得、平凡な家庭を得た。

母の信頼を逆手にとり、思うままに生きてきた私を待ち受けるものは、少女のままの「母を葬る」という使命だった。人は生きるために生きるのではなく、大事な人を葬るために生きるのか——と身にこたえた日々だった。それは満足のいくものではなく、無念ともいえる手痛い経験だった。母の望みに沿わなかった悔恨は今も尽きない。母は最高の母であってくれたが、同時に心を通わせる友であり、私の娘のようにも思える無垢な女性《ひと》だった。一一人きょうだいの六番目として育った不服を言わず、けっして胸の内を露わにすることはなかったが、本当は一一分の一の両親の愛では足りず、それ以上の愛、自分だけに注がれる愛を渇望していた。母として渾身の愛を子どもたちに注いだが、それは彼女自身が渇望したものであり、無言のうちに私にもそれを求めていたのではないか……。

だからこそ、私には悔いが残る。慚愧の念に囚われる。今となっては、母の母性が私を平凡から遠ざけた、とさえ思える。時代と共に生きようと決意し、人生に乗り出したのは、母の母性を引き継いでのことだった。母の惜しみない愛ゆえに、母の信条を大胆に裏切る土台が出来上がってしまった。

輪廻転生があるとすれば、案外この現世でこそ、母と子の遺伝子の呼応となって、巡り巡る無意識の逆転が行われたかのようだ。これを一個人として当然の成長過程だといってしまえば、それまでなのだが……。

誰にでも母がいる。人類の七百万年の歴史のすべてに母がいる。母と子の尽きせぬ感情の取り交わしがすべての場面に浮かび上がる。母と子は、それぞれの人生の激流に放り出され、永遠の時間を泳いでいる。

「母を葬る」というテーマは、個々の自分史であり、誰にでも共通するホームドラマの一片でもある。孤独を生きるのが常の亀からすれば、感情のほとばしる哺乳類の母子の宿命は比べるものではない。

私は亀の顔をときどき、しかと見る。やはりどう見ても老人だ。しかし間違いなく、彼は亀年齢では幼児なのだ。老人であり幼児でもあることを同時に可能にするもの。それは母と子の関係性なのだと、作家・下重暁子さんと共にこのテーマに向き合うことにする。

母を想い起こし語ることは、自分が何故このように生きているのかと繰り返し問いを重ね、探る手段でもある。亀は二億一千万年生きているが、答えを教えてはくれないだろう。

母を葬ろう。

そこにある意識、無意識を統括する壮大な物語に答えがあるのかもしれない。

秋吉久美子

母を葬る……目次

第四章 人生はひらり、ひらりと

序章　母を葬る

黄昏時に旅立ちたい

下重　死ぬ時は黄昏時がいい——って私、ずっと願い続けているの。それはおそらく母の影響です。

秋吉　「暁子さん」なのに、夕暮れ時に。それはどうしてですか。

下重　あくまで私の情緒的な理由です。夕焼けが闇へと変わる瞬間、人生に幕を下ろせたらなあ、と。秋吉さんは、夜の帳《とばり》が降りてきて世界がすうっと闇に包まれる瞬間、みたことありますか？

秋吉　はい。一時期、沖縄の恩納《おんな》村《そん》と石川の中間地点で暮らしていたことがあるんです。沖縄本島って南北に延びていますけど、その中部のくびれたところよりもちょっと上のあたり。東シナ海にも太平洋にも10分ほどあれば車で行ける距離でした。東シナ海に沈む夕陽はとっても美しくて、車を停めて見とれていると、水面が突然シルバーからシルバー・グレイに変わるんです。海が墨で染まるように。

下重　それは素敵、いいなあ……。

　私はというと、夜になる瞬間を一度もみたことがないんです。チャンスはいくらでもあったはずなのに、「あっ、今ならみられるかも」と思った時に限って、通りすがりの人の会話に気をとられたり、猫の鳴き声にふり向いてしまったり。我に返ると、視界が闇に呑まれていて、すでに夜になっているわけ。なんだか悔しいでしょ？　そんな未だみぬ瞬間に旅立ちたいと思ってる。

秋吉　その場にあるものはなに一つ変わっていないのに、光のあった世界が一瞬にして闇に覆われる。それと同時に、あちらの世界へ身をすべらせるということですね。

下重　ええ。一歩前に踏み出すのではなく、後ずさりするでもなく、身じろぎもせずに命を終える。これが私にとってベストのシナリオです。

秋吉　生も死も同じ場所にある。哲学的です。

下重　私、願っていれば叶うと信じているの。言い換えると、強く願うからこそ叶うんです。

秋吉　なるほど……。

下重　願いのある人生のほうがずっと面白いでしょ。願いがない人って、ちょっともったいない。

「本気で願えば叶う」ことは、母から学びました。生前、「おばあちゃんと同じ日に死にたい」って口癖みたいにいっていた。「おばあちゃん」とは、母のお母さん、つまり私の祖母のことね。驚くべきことに、母が亡くなった3月18日は祖母の命日だった。宣言どおりに逝くなんて、すごい人だと驚嘆しましたよ。死に方というのは、生き方でもある。母は強い意志をもってそのとおりに生き、逝ったんです。

秋吉　お母さまは、おばあさまをリスペクトしていたんですね。精神的支柱のような存在だったのでしょう。

下重　祖母は93歳まで生きましたけれど、雪深い上越の地で、骨身を惜しまず福祉に尽力していました。親のいない子どもたちのために、自分が働いてつくったお金を亡くなるまで寄付していたんです。それで表彰もされていました。そんな生き方、精神性を母は誇りにしていた。

祖母は私がテレビに映るのが大嫌いでね、きっと一度も観たことがないはずです。NHKでアナウンサーをしていた頃は、毎日のようにテレビに出ていたのに。

秋吉　公共放送であっても、認めていなかった？

下重　彼女にとっては、NHKも民放も、報道もバラエティも一緒だったのでしょう。そもそもテレビを持っていませんでした。あえて家に置かなかったの、「そんな〝浮ついたもの〟は観たくない」って。

それで私がテレビに映ると、近所の人が「暁子さん、出てるわよ」って祖母を呼びにきたんですって。そのたびに「暁子はどうしてあんな仕事してるのかしら」って不満げだったそうです。

秋吉　どんなお仕事だったら、喜んでくれたのかしら。

下重　医療や学問の道に進んでもらいたかったんだと思う。祖母の二人の息子、つまり私の叔父たちは見事に医者と学者になりました。

秋吉　お母さまとおばあさま、ひょっとすると下重さんの進路について意見が一致していたのでは？

下重　ううん、母は「暁子は自分で決める子だから」と半分諦めていたと思います。

秋吉　下重さんの性質を深く理解しておられたのですね。

お母さまは、心が通じるおばあさまの背中をみて自分の命の終え方をイメージしていた――つまり、すでに死の恐怖に打ち克っていたのかもしれません。

下重　確かに。彼女に怖れはなかったんじゃないかな。

秋吉　心の準備ができていた、ともいえそうです。

下重　死が訪れたのは、わりと急のことだったの。母が81歳の時に脳梗塞の発作が起きて、救急車で救命救急センターに運ばれました。人懐こい人だったから、同じ病室の患者さんたちとさかんに交流していたんですよ。一人ぼっちはいやだと、個室を断って。この時に知り合って、母が亡くなったあとお墓参りに通ってくれるかたもいました。

日頃から「暁子にめんどうをかけたくない」とくり返していましたが、入院してからは1週間ももたず、意識がなくなって3日後に最期を迎えた。命の危険が迫ると、母の身体につながっている装置が鳴るの。ピーピーピーって、トラックがバックする時に鳴るのとそっくりな音。

秋吉　よくドラマのシーンでありますね。

下重　あの音が鳴る度に、ドキンとした。何度目かのアラームで、母は静かに逝きました。願ったとおり、祖母と同じ3月18日に。

娘二人じゃだめなの？

秋吉　私の母は、下重さんのお母さまの域までたどり着くことはできなかったと思うんです。死を目の前にしておびえながら亡くなりました。なんとかして、恐怖をやわらげてあげたかった。今でもずっと思い続けています。

下重　突然のことだったの？

秋吉　もともと風邪一つひかない丈夫な人でした。それが、体調の異変に気づいてからはあっという間、半年くらいで亡くなりました。末期のすい臓がんだったんです。それがわかった時にはすでに黄疸が出ていて、最後の数週間は緩和ケアのためにモルヒネも点滴してもらっていました。
　そうしたら、ふとした瞬間に「二人じゃ足りない」って漏らしたんです。

下重　二人、というのは？

秋吉　うちは私と2つ年下の妹、二人姉妹なんです。その二人だけでは自分をケアしきれないんじゃないか、という意味だったと思います。母は11人きょうだいの6番目に生まれ、大きい兄や姉が第二の親代わりで、いつも幼い弟や妹がいる賑やかな家庭で育ちましたから、自分が二人しか子どもをつくらなかったことを嘆いたのかもしれない。悲しいことをいうなあ……って思いました。彼女に心の安寧を与えてあげられなかったこと、悔やんでいるんです。

下重　秋吉さんが今よりも20歳近く、若かった頃ですよね。

秋吉　とはいっても50代になっていましたから、立派な大人です。それなのに母を不安にさせてしまった自分が不甲斐なくて。

下重　どんなふうに話をしたら、安心させてあげられたのかしら……。死への恐怖を和らげるような言葉、私には思いつかない。

秋吉　母を亡くしたあとに私は洗礼を受けていますが、クリスチャンって、死をロマンのように語るところがあるんです。「あのきれいな星の向こうに、きっと天国があるんだわ」というように、まるで一つの物語みたいに。

下重　ああ、そういうふうに伝えるんですね。

秋吉　でも、天国に到着するには少し時間がかかるから、それまではしばらく雲の上で休んでいてね、とか。そういうことを話してあげたかった。

下重　お母さまは、そんなに死を不安に感じていらした？

秋吉　ものすごく不安そうでした。ものすごく、です。

具合が悪くなった母はナース・ステーションの向かいにある小さな個室に入院していたのですが、別の広めの個室が空いたので、そこへ移ってもらおうとしました。そちらは、スペースにゆとりがあって何人かが訪れても手狭にならなかったし、身内が泊まるための簡易ベッドもあったので、看護する側にも看護される側にもよかった。なにしろ11人きょうだいですから、親戚もたくさん。お見舞い客も多かったんです。でも、母は移ることをいやがりました。ナース・ステーションから離れるのを怖がったんです。朝から晩まで、看護師さんたちの気配を常に感じていたかったから。

下重　そのお気持ちはわかる気がする。がんの告知はされたんですか。

秋吉　それが、できなかったんです。信頼する担当のお医者さまが、

「僕は患者さんを怯えさせずに告知できます。ご本人の気持ちを落ち着かせ、じょうず
に話せて、いつも成功しています」

　そう話してくださってお任せしたのだけど、ドクターに告知をする隙を与えなかった。

百戦錬磨の先生よりも、母のほうが手練だったというわけです。それでいて、私が病室
に付き添う晩だけ、こんなことを聞くの。

「私の病気は重いの？」

「病名はなんなの？」

「このあとどうなるの？」

　さらにこんなことも――。

「死んだら、身体は焼かれてしまうんでしょ？　私はこの世から消えてなくなるの？」

　私のほうが母親で、幼い娘から質問されているような気持ちになりました。

下重　重荷を背負ったのね。

秋吉　子どもの頃から、家族のなかで私が〝命の最後〟を引き受けてきたように感じます。うちで飼っていたスズメや金魚が死んだ時も、私がお墓をつくってお弔いしました。父が死んだ時も同様です。自分はそういう役割を与えられた存在なのだと思っていた。でも、母の臨終では上手にできなかったんです。

私は、母が理想とする娘ではなかったのかもしれません。女優の秋吉久美子、という公的なイメージ上の存在ではなく、自分がよく知る等身大の「久美子」ならば、自分の最期をしっかりと引き受けてくれるはず――。そんな母の期待に、私は応えることができなかった。

母の死を前に、私はまるで自分の子どもを葬《おく》るかのような気持ちになりました。

第一章　青春って見当違い

アナウンサーなんて大嫌い

秋吉　下重さんとは今回の対談で初めてお目にかかりますが、実は同じ事務所に在籍していた時期があるんですよね。

下重　ええ、秋吉さんが、永六輔さんの事務所に所属していた。私は31歳でNHKのアナウンサーを辞めたあと、民放の番組で永さんと一緒に司会をするはずでした。ところが永さん、初回で降りちゃったの。番組の途中で「やーめた」といって。

秋吉　それは強烈な体験ですね。びっくりなさったでしょう。

下重　番組には私一人が残されちゃった。不憫に思ったのか、永さんは自分の事務所に誘ってくださったんです。

秋吉　下重さんと同じ事務所に所属していたのは、おそらく１９９０年頃だったはず。夏の時期に、連続ドラマの撮影をしていました。途中で１週間だけ休ませてもらって、海外の映画祭に出かけたんです。私が出演した映画が出品されたので、監督に同伴しなくてはならなかった。ところが、予定どおり1週間後に帰国したら、ドラマのロケ地だったひまわり畑の花が成長しすぎてしまっていて。

下重　お天気がよかったのね。

秋吉　そうみたい。想定外だったとはいえ、申し訳なかった……。

下重　アナウンサーも女優さんも、もちろんスタッフのかたがたも、不測の事態に対応しなきゃいけない職業よね。

秋吉　本当に、おっしゃるとおりです。

下重　あの頃の私は、アナウンサーというのが嫌で嫌で仕方がありませんでした。仕事そのものは面白いところもありましたし、もちろん一所懸命やっていましたよ。でも「アナウンサー」という肩書きがいったい何者なのかわからず、好きじゃなかったの。

秋吉　えーっ、どうしてですか。私はアナウンサー、好きです。

下重　どうして好きなの？

秋吉　アナウンサーの皆さんに、いつも救われていると感じるから。私の本業は女優ですが、ご存じのとおり、地上波のドラマ枠は減る一方です。映画にしても、アニメやライトノベルが原作の作品が増えてきていて、自分の本領を生かせる場も限られています。そんなわけで、バラエティ番組に出演することもあるんです。

下重　ええ、よくわかりますよ。

秋吉　最近はお笑いの芸人のかたが司会を務める番組が多いでしょう？　そういう現場で私が感じるのは、ＭＣの人が出演者の脇を詰めていく——つまり、タレント業が本業ではない役者やモデルさんを突っついて、弾みで「ヘンなことをいう」のを待ち構えている感がある。

下重　それでウケを狙うのね。

秋吉　ええ、だからいつでもハラハラドキドキ（笑）。おのずと肩に力が入ってしまいます。一方、プロのアナウンサーが司会を務める番組では、そういう「うっかり失言」に頼ることなく、その場を上手にまとめてくれる。アナウンサーは、常に状況を俯瞰して捉えることができる人だと思うんです。

下重　あんまりきれいにまとめちゃうと、番組がつまらなくならないかしら。

秋吉　私自身は安心して自分をさらけ出すことができます。警戒感ゼロで、飼い犬がゴロンと寝そべってお腹をみせているような状態。だから、「アナウンサーっていいなあ」って素直に思えるんです。

下重　アナウンサー自身は、無個性でも構わない？

秋吉　淡々とまとめて進行するだけでなく、インテリジェンスがあり、おもしろいかたもたくさんいらっしゃいますよ。たとえば、フジテレビでアナウンサーをしていた逸見政孝さんや、フリーランスとして各局でキャスターをされていた安藤優子さん。社会の空気に呑まれない矜持と胆力をもっておられると感じます。

下重　秋吉さんのおっしゃるとおり、そういう本当の意味でのプロはいますね。でも、大半のアナウンサーはとくに意見はもっていないと思うの。アナウンサーというと教養があるようにみえるかもしれないけれど、見かけ倒しであることも多いんです。

ジャンケンで負けてNHKへ

秋吉 それからね、アナウンサーのかたがたって、皆さんしゃきっとしてる。

下重 確かにしゃきっとはしているかもしれません、そういう訓練は受けていますからね。ただ、穿った見方かもしれないけれど、最近のアナウンサーはみんな同じような話し方をするなあって感じるんです。それこそ、今流行りのAIみたいに。失敗したっていいから、人間らしくもっと自由に振る舞えばいい。アナウンサーがもっと個性を出せるようになれば、テレビももうちょっと面白くなると思うのよ。

NHK時代、一つ上の先輩だったのが野際陽子さん。同じアナウンサーだったけれど、当時から女優志望でね。年齢が近いうえに、入局直後に配属された名古屋放送局では同じ「荒田寮」にいて部屋が隣同士だったから、「ノンちゃん」「アコ」と呼び合って、しょっちゅう一緒にいました。野際さんは当時からとてもユニークで、英語もフランス語もできる才女であり、酒豪だった（笑）。

秋吉 下重さんも相当呑まれたそうですね。寮の名前にちなんで、お二人は「アラタ（荒田寮）のオロチ」と呼ばれていたとか。

下重　どれだけ呑んでもケロッとした顔をしてましたからね。女優になってからの野際さんはアクションシーンもこなし、ドラマ『キイハンター』では主題歌も歌っていました。アナウンサーから女優に転身して活躍した人は、あまりいないんじゃないかしら。その野際さんのお給料が当時1万円くらい。私が1万円弱。ひどいでしょう？

秋吉　当時の相場でも、よくなかったのでしょうか。

下重　ええ、民放局のアナウンサーと比べたらずいぶん薄給でした。アナウンサーは5回の試験があったのですが、最終面接はNHKと日本テレビが同じ日。私と、早稲田の放送研究会のスターだった古賀節子さんが残っていて、二人で相談したんです。二人とも受かるためには別々に試験を受けるしかない、って。古賀さんは後にジャーナリストの田原総一朗さんと結婚した女性で、ウーマンリブの運動家としても活躍しました。

秋吉　アナウンサー試験って、以前から狭き門だったんですね。

下重　試験前にジャンケンをして、勝った古賀さんは日本テレビの最終選考へ。負けた私はNHKへ……。試験は午前と午後に分かれていたから、両方受けることもできたけど、仲間同士で争えば、どちらかが受からない可能性も高まってしまうでしょう？

そこで二人で相談して、ジャンケンで行き先を決めたというわけ。この「選択と集中」によって、二人とも受かりました。

秋吉　見事な作戦勝ちですね。

下重　その段階では計画通りでした。

秋吉　下重さんは日テレを希望されていたかもしれないけれど、私からみれば、NHKのアナウンサーといえば名誉あるお仕事です。

下重　そんなご立派なものじゃありませんよ。それに、私はやっぱり民放に行きたかった。当時の日テレといえばとってもお給料がよかったんです（笑）。お金がたくさん欲しかったわけじゃないけど、なんだか悔しかった。ただ、いずれにしてもテレビ局に長くいるつもりはなかったので、気持ちを切り替えてNHKに入りました。

そんななか、野際さんと出会ったんです。彼女は女優になりたくて、私はもの書きになりたかった。お互い、アナウンサーという職業にいっさい執着がないことで気が合いました。さっきの話に戻りますけど、今のアナウンサーにもの足りなさを感じてしまうのは、野際さんのような女性を間近にみてきたせいなのかもしれないわね。

秋吉　下重さんは、アナウンサー志望ではなかった。知りませんでした。
下重　私は音楽が好きで、10代の頃まではオペラ歌手に憧れていたの。そちらの道に進みたいと思っていたくらいです。小学校の学芸会では「青い眼の人形」や「花嫁人形」を独唱していました。
秋吉　それはとっても素敵な夢です。
下重　でもね、個人レッスンを受けていた、芸大出身のソプラノの先生から「楽器がない」といわれてしまった。
秋吉　楽器がない、とは?
下重　このとおり、私は身体が細いので楽器のように鳴らせない。身体が響かないんです。オペラはマイクを使わないので、自分の身体をオーディオのスピーカーのボディのように鳴らさなくてはいけないの。スピーカーは通常、サイズが大きいほうが出力も大きいでしょう?　でも、私の身体には音を響かせるようなボリュームがありません。それで進む道を考え直しました。
秋吉　「身体に適性がない」といわれてしまったら、努力では太刀打ちできませんものね。NHKのアナウンサー試験を突破されたのはすごいことです。倍率にして何万倍、という世界だったのでは……。

下重　そこまではいかないけれど、数千倍だったかな。それは必ずしもアナウンサーになりたい学生が多かったという意味ではなくて、当時はメディアで働きたいと思っても、女性の求人がなかったんです。新聞社の記者職も出版社の編集職も女子学生なんてほとんど採用していなくて、アナウンサーくらいしか選択肢がなかった。私自身、大学の就職課でたまたまテレビ局の求人を見つけて、その時に初めてアナウンサー職を意識したくらい。

秋吉　それだけの難関だと、試験対策も大変そうですね。

下重　早稲田大学には放送研究会というクラブがありました。アナウンサー志望の学生はそこに集まっていましたが、部活動なのに、試験をパスしなければ入部できないというのよ。「勿体つけて嫌な感じね」と思って、もう一つあったアナウンスクラブというところに入り、発声のトレーニングからやりました。まったく楽しくなくてすぐにでも辞めたかったけど、アナウンサーになって自分の稼ぎで自分を食べさせる、つまり自立して生きていくんだという明確な目標があったからこそ続けられたんだと思います。

癖のない文章

秋吉 実は私も、積極的な気持ちで女優になったわけではないんです。

下重 秋吉さんのロングインタビュー、『秋吉久美子 調書』（筑摩書房）を読みましたよ。それで初めて、女優志望ではなかったと知りました。

秋吉 読んでくださったんですね、光栄です。あの本にも書いていますが、私は演劇には興味がなく、文芸部に所属していました。幼い頃から本ばかり読んでいたんです。高校生になってからは小説も書きました。

下重 高校生の頃から物語を紡《つむ》いでいた。

秋吉 私の小説を読んだら、びっくりされると思います。

下重 どんな作品だったのかしら。

秋吉 危うさを抱えながらも、才能にあふれていた……といいたいところなのですが、そうではない。きちんとした文章で真面目に書いているの。

下重　いいじゃないですか。

秋吉　それが、自分では残念だった。

下重　突飛なほうがいい？

秋吉　整った文章を書いている自分が嫌になりました。私ってぜんぜんカッコよくないなあ、と。周囲は私に対してなにかしらの才覚があるんじゃないかと期待してくれていたのに、自分でダメ出しをしてしまった。

下重　『秋吉久美子 調書』はとても面白かったですよ。

秋吉　嬉しいです。映画評論家の樋口尚文《なおふみ》さんとの共著ですが、まず樋口さんが長い長いインタビューをしてくださって、それを原稿にしてもらい、私が全体を読んでしっかりと直して……というプロセスを経て出版した本です。

下重　あの本では、どんなことを念頭に置いていたんですか。

秋吉　映画やドラマにおいて、撮られる側の人間はどんな世界を生きているのか――撮る側の人間に対してどんな思いを抱いているのか。その点は強く意識しました。たとえばですが、日本大学芸術学部映画学科の学生さんが読んでも退屈しない内容にしたかった。だから、暴露話のような「撮影の裏側」の記述はできるだけカットしたんです。

下重　『調書』は一気に読んでしまいました。樋口さんは、監督の大島渚さんの作品にも精通しているのですね。『大島渚全映画秘蔵資料集成』という、大判でとても厚い本も書いておられて。

フリーのキャスター時代に共演したことをきっかけに、私も大島さんとは親交があったんですよ。テレビ朝日系の「モーニングショー」という番組内に「大島渚の女の学校」という身の上相談コーナーがあって、澤地久枝さんや宮尾登美子さん、瀬戸内寂聴さんなど恐ろしそうなメンバーがズラリと並んでいました（笑）。

秋吉　才女揃いですね。

下重　皆さん、本当に個性的だった。大島渚さんの最初の頃の作品に『太陽の墓場』があるでしょう？　ドヤ街が舞台で、花子という主人公の不良を炎加世子という女優さんが演じていましたが、私はあの舞台の一つになった大阪城前の高校に通っていたんです。そういった点でも、大島さんに親しみを感じたのかもしれません。

大島渚監督のリアル

秋吉　大島監督は「演技をしない人」というか、演技ができない、素人っぽさを残している役者さんがお好きだったと感じます。たぶん、こなれた芝居をする人や、自分をよくみせようとする人が好きじゃなかったんじゃないかな。

下重　そんなエピソードもよく耳にしますね。女優の吉行和子さんは私の俳句仲間だったのですが、彼女は『愛の亡霊』に出演した時、大島さんに「民藝の芝居はやめろ！」って、しょっちゅう怒鳴られたと話していました。吉行さんは劇団民藝ご出身だから。

秋吉　命を懸けた秀才が、日本で初めて、社会派のエロティシズムの映画を撮ろうとしていたわけですよね。ハードコアのラブシーンでは、スタッフは全員退室させられるんですって。大島さんが自分でカメラのスイッチを入れて、「よーい、スタート！」って、そこで俳優さんたちが、やはり本気で男女の場面をやる。

だけど、現場にスタッフがいたほうがまだリラックスできそうですよね。監督も緊張でガチガチになっていて、その緊張が俳優に伝わってしまうのではないかと。

下重　うーん、大島さんの目つきとか声を思うと、その場には他のスタッフもいたほうがよさそうね（苦笑）。

秋吉　大島監督は徹底したリアルを求めていたのでしょう、あの頃はとくに……。『愛の亡霊』の前作、『愛のコリーダ』もハードコアでした。

下重　松田英子（のち暎子）さんという女優さんが出演された。

秋吉　映画の公開後、松田さんはご苦労されたそうです。どこに行っても、ハードコアのことをいわれて。

下重　よほどタフな神経の持ち主でないと苦しいでしょうね。

秋吉　すでに亡くなっていますが、フランス映画界にマリア・シュナイダーという女優がいました。彼女は『ラストタンゴ・イン・パリ』に出演した時、主演のマーロン・ブランドやベルナルド・ベルトルッチ監督に騙されたそうです。リアルで、アブノーマルなシーンをやらされました。ぶっつけ本番、事前に何一つ知らされていなかったとか。ベルトルッチもまた、リアルが欲しかったのでしょう。

あきらかに人の道を外れる行ないだと思いますが、その点、大島監督は俳優さんたちにきちんと説明して納得してもらったうえで、気持ちの準備もして撮影に臨んでいた。

下重　大島さんの作品には名作がたくさんあって、そのほとんどを観ていますけれど、とくに私が好きなのは『マックス、モン・アムール』。

秋吉　あまり耳にしない作品ですね。

下重　大島さんの監督作品だけど、パリが舞台のフランス映画ということもあって、日本ではあまり知られていないのよ。

秋吉　私も知りませんでした。

下重　秋吉さんにも観てほしいな。異色作なんです、とってもシュール。人間の女性とチンパンジーの恋愛を描いています。

秋吉　それはクセの強そうな……。いつ頃に発表された作品なんですか。

下重　公開されたのは１９８６年。当時、あまりに前衛的だったかもしれない。マックスはチンパンジーの名前で、タイトルは〝マックス、私の恋人〟という意味なんです。『調書』の樋口さんも全大島作品のなかで「一番」に挙げていましたよ。

秋吉　日本人はセンス・オブ・ユーモアに欠けるところがあるから、下重さんや樋口さんのように評価しているかたは少数派かもしれませんね。

ピタリのあだ名

下重　大島渚さんは、奥さまも素敵なかたです。

秋吉　女優の小山明子さん。大変でしたね。

下重　よくやったと思うわ。監督が元気な時には映画制作のためのお金をつくり、その晩年には献身的に介護をして。

秋吉　大島監督は公開前から観客動員が期待できるようなエンタテインメント映画はつくらなかったから、経済的に大変だったでしょうね。大島さんの家の近くのスナックで、「小山明子、大島渚サイン会」を開催してお金を集め、制作費にしていたという逸話も。

下重　すごいことですよ。

秋吉　「没後10年　映画監督　大島渚」という展示会を見に行ったら、領収書まで展示されていて、小山さんがここまで尽力なさっていたのか……と驚きました。小山さんは武士ですね。

下重　武士っぽいところはあるかもね。

秋吉　女優さんがあそこまでやるとは。夫の仕事は崇高で、社会的な価値があると信じておられる。

下重　小山さんはいいうちのお嬢さんです。叔父さまは、社会運動史研究者の小山弘健《ひろたけ》さん。

秋吉　お嬢さんらしい、強さと品のよさがありますね。

下重　豊かだからこそのよさかもしれません。大らかなんですよ。それで、なによりも夫に惚れていた。

秋吉　夫婦であり、同志でもあったんですね。

下重　そんな大島さんと一緒に出ていたテレビ番組で、私は共演者からニックネームを付けられたのよ。評論家の小沢遼子さんがあだ名をつける名手でね。

秋吉　先ほどおっしゃった「女の学校」ですね。どんなニックネーム？

下重　「転校生」って（笑）。私の態度がどことなくよそよそしかったのでしょう。追ってお話ししますけれど、私はずっと全身を鎧のようなもので覆っていたのだと思います。少女時代は人見知りであまり喋りませんでしたし、誰と一緒にいても、完全に心を許すということがなかった。それがほどけてきたのはごく最近のことです。

秋吉　そんなに長くかかりましたか。

バランスが悪くて上等

下重　『秋吉久美子　調書』を読んだあと、改めて秋吉さんの出演作を観たんですよ。藤田敏八監督の『赤ちょうちん』のほかに、何本か。

秋吉　そうでしたか、ありがとうございます。『赤ちょうちん』は、デビューして間もない頃の映画ですね。

下重　作品を観てつくづく思いましたけれど、女優さんって、やっぱり人間に興味がないと務まらない仕事ですよね。

秋吉　架空の世界と現実世界の線引きが曖昧になるところはありますが、確かに人に対する興味はありますよ。電車に乗っていてもキョロキョロしていることがあるそうです。私自身はそんなの意識していなくて、一緒にいる人に「そんなにみたら失礼だよ」ってたしなめられることもしょっちゅう。

下重　たとえばどんなところをみているの？

秋吉　しぐさや表情もみますけど、それよりも、そこにいる見知らぬ人が何を考えているのか、どこへ行こうとしているのか、なぜそんな姿勢で座っているのか……って、あれこれ夢想するんです。

下重　プロですね。

秋吉　それから、台本に集中し過ぎるところもあります。

下重　集中するのはよくないことなの？

秋吉　女優として、バランスがいいとはいえないかも。ああ、これはいい台本だなあ……と感情移入した登場人物を軸に読んでいたら、「おや、これは自分の役じゃなかった」って我に返ることはよくあります。子ども時代の話ですが、たとえばデュマの『三銃士』は、三銃士の気持ちになって読んでいましたしね。

下重　通常、三銃士の配役は男性になるわね。

秋吉　はい、男性の役です。そういうふうに、自分では演じることのできない役柄の目線で台本を読んでしまうことも多くて、現場に行って「あれっ？」って。そんなふうにバランスが悪いんです。

下重　バランスが悪くて上等。それもあなたの個性でしょう。

秋吉　ただ、私の役は三銃士ではありません。「女性の役は難しいなあ」とつねづね思っています。ちなみに、男性の俳優は女性的な感性をもつ人が少なくありません。工事現場で汗水流して働いて「今夜も酒がうまいぞ」というような、マッチョタイプは珍しいかも。

下重　女優さんのほうが男勝りなかたが多いのかしら。

『赤ちょうちん』の敗北感

下重　『赤ちょうちん』を観て、やっぱり時代を担っている女優さんだなと感じました。あの映画は1974年公開でしたよね。戦後の、誰も彼もが食べられない、お金をもっている人なんてほとんどいなかった闇市の時代を過ぎて、社会が少し落ち着いてきた。そこで、勉強がある程度できる人はみんな学校に行くようになった頃です。それでいて、戦後の総決算は何一つできていない時代でした。

秋吉　総決算ができていないという点では、今も変わらないでしょうね。

下重　本当にそうです、過去の愚行から学ぼうとしませんから。

秋吉　当時、社会や個人がさまざまな矛盾を抱えていても、笑っちゃう、笑うしかないというところは少なからずあったと思います。

下重　A級戦犯のなかには死刑になった人もいたけれど、裁きを受けたのはほんの一部でした。生き残った元軍人は、あとになって公職追放が解除された時に、自衛隊の幹部になったり、議員になったり、与党の要職に就いたりと恩恵にあずかったわけです。

学生をはじめ、社会についてそれなりに考えていた人たちは、大人たちの無責任さや矛盾を感じていました。『赤ちょうちん』で描かれた若者の姿はまさにそれでしょう。貧しいけれど一所懸命生きている人たち。そういう世の中の空気を象徴するようにして、女優・秋吉久美子が登場したと感じていました。だから、「時代を担っている」。

秋吉　藤田敏八監督はきっと〝戦後の価値観の中でウロウロしている薄汚いオジサンたち〟の犠牲になっている若者の姿を描きたかったんだと思います。

一方、私のリアルな青春時代といえば、母の期待もあって、コツコツ勉強してまっとうな職業に就く道を目指していました。それが、高校生ぐらいの頃からだんだん雲行きが怪しくなってきて、どうやら道を踏み外してしまい、行き着いた先が『赤ちょうちん』――。

下重 『赤ちょうちん』に出演された時、あなたはまだ19、20歳くらいでしたよね。どんな気持ちで撮影に臨んでいましたか？

秋吉 「正義感に燃えて、バカだなあ」って、どこか冷めた目で自分をみていました。そして自分の「一番いい時」を犠牲にしているな、という思いも……。

私なりにベストは尽くしたけれど、少し上の世代の人たちの心の慰めに消費されているだけで、同世代の若者、本当に救いが必要な人たちのど真ん中には届いていないんだろうなと感じていました。

下重 そうかしら？　考えすぎじゃないかな。

秋吉 あの映画をつくったのは私の一回り上の世代の人たちですから、作品に込められた思いは、私たちの世代が抱えていた感情とはズレている気がしたの。

下重 ああ、なるほどね。

秋吉　つまり、私は自分たちの世代の発信者ではなくて、その上の人たちの敗北感が漂う世界を描くための一つの装置になっていた。そう感じているんです。

女優は公共サービス

下重　敗北感は嫌だった？

秋吉　嫌ではなかった。でも、やはり世代間のギャップは感じていたんです。自分たちのリアルとはちょっと違うなあ……と思いながら演じていました。

下重　どの世代でも、敗北感って同じだと思うの。『赤ちょうちん』からは、敗北感がにじみ出ていて、私はそれがとっても好きだった。

秋吉　私自身は敗北感から解き放たれたかったですし、おセンチになってる場合ではないんじゃないか、という気持ちもありましたね。

ただ、敗北感を抱えている上の世代の人たちのセンチメンタリズムを象徴することで、ささやかな希望、ガス抜き、憂さ晴らしなど……を与えることはできたのかもしれません。もともとそういう需要があったところへ、私はちょうどいい〝素材〟としてハマり続けていたんだなあ、と。

下重　あの作品の空気感を体現できる女優さんはほとんどいないだろうと感じます。それはあの時代を知っているとか知らないとかではなく、時代性を理解しているというか、ムードのようなものを自分の血肉にできているかどうか。そこが重要だと思う。

秋吉　身体に沁み込んでいるということなのかな。

下重　そういうことです。あなたにはそれがある。だから、あまり演技はしていないですよね。映画を一緒に観たうちのつれあいもいっていました。秋吉さんのこと、「演技していなくていいねえ」と。

秋吉　それは褒め言葉と受け取って構わない？（笑）

下重　もちろんすごく褒めているのよ、つれあいはドキュメンタリーをつくる仕事をしていました。もともとは報道畑でしたが。

秋吉　リアルを描くプロにそう感じていただけたなら、嬉しいです。『赤ちょうちん』からもお察しいただいたかもしれませんが、女優って、一種の「公共サービス」ではないかと思うんです。これまでずっとそう思い続けていて。

下重　公共サービスってユニークな表現ね。

秋吉　つまり、「みんなのもの」なんですよ。たとえば、女性が理想とする女性像と男性が理想とする女性像はあきらかに違いますよね。私はその両方を体現する意識で仕事をしています。

「俳優の秋吉久美子です。女優もやっています」

自己紹介の時、よくこういっているの。

下重　いかにも秋吉さんらしい。

秋吉　そんな立場にある女優がプライベートで男性と関係を持って、しかも子どもができたとなれば、私の時代にはスキャンダル扱いでした。

「卵で産みたい」発言の理由

下重　秋吉さんは20代で結婚される際、お子さんを「卵で産みたい」とおっしゃって、大きく報道されました。

秋吉　あれには背景があったんです。当時のマネージャーの意向が強くあって、半年間は妊娠を伏せていました。公表すると仕事に支障が出ると判断したのでしょう。お腹に子どもがいることを公にしないままアメリカでロケをして、バスで一日10時間も移動しました。同時期に連続ドラマの撮影も2本掛け持ちしていた。連日のように、朝9時から深夜まで20時間もの撮影をこなして、ついに体調を崩してしまいました。

下重　そんな無茶なことをしていたんですか。

秋吉　あちこち具合が悪くなって、さすがにド根性だけでは乗り切れなくなった。いよいよ出産時期が近づいてきたので、あるドラマを降板したのだけれど、それがきっかけでマスコミから質問攻めに遭ったんです。

下重　取材記者が殺到した。

秋吉　はい。撮影の現場にいたら、たちまち取り囲まれてしまって。

下重　あの報道はその時のものだったのね。

秋吉　はい。「降板の理由は、もしかしたらご出産ですか」って聞かれた時に、いったんです。

「こんなことになるのなら、いっそのこと卵で産みたい。3年くらい保存しておきたいわ」
体調がよくなるまで卵で子どもを温め続けて、時間と心に余裕ができた時に落ち着いて産み育てたいという意図でした。でも、そういう喩え話って、100人いたら100とおりの解釈ができますよね。「面白い」といってくれた人もいたし、「ヘンな子だね」と眉をひそめる人もいました。

下重　秋吉さんの意図、私にはしっかり伝わっていましたよ。男と肩を並べて働いていましたし、同じ女ですから。あなたがどんな状況に置かれていたのかはスムーズに理解できます。「卵で産みたい」は名言だと思いました。この女優さん、上手いことをいうわねって感動したんですよ。

秋吉　わかってくださって嬉しいです。子どもができたのが女優ではなく、男の俳優さんだったら、きっと「おめでとうございます」といわれて、祝福の囲み取材になっていたでしょう。その一方で、当事者が女優だと、半分くらいの人はセクシャルな想像をします。「秋吉久美子」が産婦人科へ行って分娩台の上に乗る、そんな想像をされている気がしました。私の考え過ぎかもしれないけれど——。

下重　今だったらセクハラで糾弾されるようなこと、あの頃はいくらでもありましたね。

秋吉　日常茶飯事でした。

下重　私がいたNHKのアナウンス室でも、女性に子どもができると、男性職員から信じられないような無神経な言葉を浴びせられることがありました。「そんなでかい腹をしてよく職場に来られるな」とか。からかっているのではなく、本気でいっているのよ。

秋吉　不適切にもほどがありますね。私の「卵で産みたい」発言は、キャリアウーマンが妊娠して子どもを産むことがいかにハードか、それを伝えたかったんです。わかってくれる人も、わかってくれない人もいました。

下重　そう考えると、女優さんのお仕事は「職業」として見なされるのが遅かったようにも思いますね。

秋吉　時代はだいぶ進んで、女優の扱いも、最近ではだいぶマシになってきているようにみえます。ジェンダー平等やコンプライアンス、ポリティカル・コレクトネスといった考え方が浸透したから？――必ずしもそうじゃない、少子高齢化が加速しているからだと私自身は感じます。

人気の女優さんが、妊娠出産したあとも溌剌と働いている姿を披露すれば、それをみた多くのカップルが子どもをもつことに肯定的なイメージを抱いて、出生率が上がるかもしれませんよね。そんな社会の思惑がちらつくんです。現代ニッポンの切羽詰まった事情があるからこそ、女性が子どもをもっても周囲が受け容れる、受け容れざるをえない状況になっているんじゃないかしら、と。

下重　おっしゃる通り、著名な女性が働きながら子育てもしているのであれば、政治がそれを利用しない手はないでしょう。ただ、昔も今も、男の本音なんてものは変わりませんよ。女には職場に来てほしくない。仕事をしてほしくない。家にいてほしい。

秋吉　下重さん、なかなか辛口ですね。

下重　辛口が身上でございます（笑）。

秋吉　私、俳優業って、もうちょっと認められていいと思うんですよ。ヨーロッパでは、俳優は人生の師のように扱われるとか。でも、日本では依然として「見世物小屋のショーマン」みたいなイメージが強いでしょう？　諸外国とはあまりに文化が違います。

下重　一方で、見世物は憧れの対象でもありますよね。見世物でありながら、憧れでもある。矛盾するようだけど、どちらも嘘ではないのかな。

秋吉　確かに、ポジティブに表現すれば憧れの存在といえるかもしれませんね。日本に限っていうと、女優というのはあくまで「かわいい人」であり、男性がコンプレックスを抱く必要のない安心・安全な存在なのだと感じます。

撮影現場の問題児？

下重　私も、アナウンサー時代には「カワイ子ちゃん」のように振る舞っていたことがあるのよ。

秋吉　下重さんが？　それはとても意外です。

下重　仕事だと割り切れば、その場では奥ゆかしく、優しそうにすることだってできる。そんな「表の顔」を本質だと思い込んだ男の人たちから、ラブレターが殺到した時期もありました。求婚もされましたよ。

秋吉　わあっ、なんだか素敵じゃないですか。

下重　素敵でもなんでもないですよ。大半の男性は、ありのままの私を好きになってくれたわけではありませんから。

秋吉　私はといえば、あまり上手にごまかせないんです。つまり、ほとんどの場ではありのまま、丸腰のような状態。デビューして間もない頃、『赤ちょうちん』と同じ藤田敏八監督の作品『妹』のプロモーションで出演したテレビ番組で、頰杖をついてよそ見をしていました。ほかの出演者のかたが話している時ってやることがないでしょ。そうしたら「シラケている」といわれて、あちこちのメディアで繰り返し報道されてしまった。

下重　人間なんてものは、印象と内面が違っていて当然です。いわずもがな、女優さんが演じた役柄と本人の素顔が同じであるはずがない。どんな職業でも、突き詰めればみんな個人であり、アナウンサーも女優も一人ひとりみんな違うんですから。

それにしても、日本人は職業や肩書き、うわべのイメージで相手を一括りにする人が本当に多いですねえ。

秋吉　芸能界というところは、一度レッテルを貼られると多重人格者のようになってしまうから、俳優は気をつけなくちゃならない。

私自身、苦手意識はもちながらも、ある程度は印象と内面を両立してきたつもりなんです。たとえば、撮影の現場はチームで動くので、チームメイトの気分を害さずに自分の意見を通すためには、本音と建て前を使い分けなくてはなりません。時にはとても論理的に話しますし、感性に訴える伝え方を選ぶ場合もある。だから、「秋吉は二重人格者なのか?」と困惑する人もいると思うの。「奔放で、ユニークな人だ」といってくれる人もいれば、「こいつ、なんだか理屈っぽいな」「生意気なやつだな」と感じる人もいるわけで……。

下重 それは興味深い。上手く使い分けているの?

秋吉 意識はしますが、これがなかなか難しい。

俳優さんたちと一緒にいると、どういうわけかコンプレックスを感じてしまうんです。自分が「厄介者の問題児」なんじゃないかという気がしてくる。そうすると、問題児じゃないように振る舞うために必死に頭を使って、やがてクタクタに疲れてしまいます。

下重 秋吉さんは問題児なの? 周囲がレッテルを貼っているんじゃないですか。

秋吉 問題児じゃないとはいえないと思う。たとえば台本を読むと、よく書けていないところが目についてしまいます。

下重　それは当然でしょう。

秋吉　そこで思ったことは率直に指摘するんだけど、女優が口を出す領域じゃないといわれてしまう。言葉をぐっと呑み込んだ場面もありましたが、それはそれでうまくいきませんでした。山田洋次監督とご一緒した時には、どうもぎこちなくなってしまって。

「寅さん」マドンナの胸の内

下重　秋吉さんがおっしゃっている山田監督とのお仕事というのは、松竹の「寅さん」シリーズですか？

秋吉　はい。39作目の『男はつらいよ 寅次郎物語』ですね。それまでに、すでに2回オファーをいただいていたのですが、残念なことにスケジュールが合わなかった。〝三度目の正直〟で与えられたのが、化粧品を行商する女性の役。マドンナにはちょっと手が届かない、危うい感じが魅力でした。

今回の撮影現場では自己主張を抑えよう――。そう心に誓っていた私は、どんな指示を受けても「はい」といって、素直に従っていました。それがかえって、山田監督にとってはやりづらかったようです。

下重　本音で接しなかったことが裏目に出てしまったのかもしれませんね。

秋吉　今思えば、山田監督はいろいろと質問を受けたり、意見をぶつけられたりすることを求めていたのかもしれません。

下重　ほかの俳優さんたちは、どんなふうに監督と接していたんですか。

秋吉　倍賞千恵子さんは、自分の意見をきちんと監督に伝えていました。倍賞さんは第一作目からレギュラー出演しているので、監督との関係性が私とは異なりますが、実際にとても上手にコミュニケーションをとっておられました。私は倍賞さんと同じようにはできないので、困ったなあと。

下重　山田洋次監督の作品の多くは、スタンダードな日本の家庭にありそうな「幸せ」を描いていましたよね。

秋吉　あくまでも個人的な見解ですが、日本人が日本人として求めているもの、心地よく感じるものをしっかりと見据えるかたですね。山田監督がつくられた〝寅さん〟の世界は不可侵です。

下重　秋吉さんは、自分がちょっと我慢すれば現場がスムーズに回るのでは、と考えたわけよね。その時は、ありのままの自分でいこうとは思わなかった？

秋吉　一触即発を避けたかった。映画制作は目的ありき。完成させなければなりません。

達観なんて100年早い

下重　門外漢なので撮影現場の様子はわかりませんが、もし私が監督の立場だったら、あなたを仕事しやすい相手とは考えないでしょう。手ごわそうだもの。だからこそ、「面白そうだから、ぜひ一緒にやってみたい」という気持ちでオファーするはず。

秋吉　私自身、感受性が武器だとは思っているんです。360度、そして至近距離からまじまじと眺めて「美人だ」というタイプではなく、5メートルくらい離れてもらって初めて〝なんとなくいい雰囲気〟が出せる女優なのではないかと自認しています。これまで、感受性で一つひとつの役をこなしてきました。

下重　それならば余計に、もっと自己開示してよかったのかもしれませんね。何をいわれても平然としていればいいんじゃないかな。

秋吉　そうですよね。本来、従順ではないのに、その時は「はい」って。普段からもっと達観していればいいのですが。

下重　達観だなんて、100年早い（笑）。

秋吉　もしも達観できたら、人生がずっとラクになるような気がして。

下重　ラクになんてならないと思いますよ。闘わなくっちゃ。自己主張が控え目で、扱いやすい女優が求められている現実もあるでしょう。一方、もっと俯瞰して長いスパンでみれば、生き残るのは、ほかの誰とも違う女優さんじゃないかしら。多少手ごわくても、異色の人。

秋吉　下重さんも、まだ達観はしていない？

下重　達観なんてとんでもない。何事も、自分の望みにできる限り近づける努力をします。往生際が悪いといわれようと、最後までとことん闘う。それで思い通りにいかなかったとしても、結果はいさぎよく受け入れる。

秋吉　やれるだけのことはやってみる——。

下重　何をどれだけ頑張ったか。そういう出来事の積み重ねがその後の自分を形づくるのだと思う。それでだんだん自信もついてくるじゃない？　そうしたら、いろいろな場面で、一つひとつ上手に〝滑り込ませる〟のよ。相手と正面切ってけんかする必要なんてなくて、こちらの意図を上手いこと滑り込ませる。私自身はそうやって生きてきたつもりです。

秋吉　確かにイエス・キリストだって、生きているうちは達観はしていないですものね。人間に憐みをもち、なんとか諭そうとしていました。

下重　私がやっていたアナウンサー業もそう。代わりがきかない「何か」をもっている人だけが生き残っています。

秋吉　「シラケ派」の他にも「元祖プッツン」、「宇宙人」、「不思議ちゃん」――いろいろな呼び名がありました。いかにも自由奔放で、好き勝手に仕事をしてきたイメージですよね。

でも本当は、俳優って実際の現場では立場が弱いんです。いわずもがな、私たちはあくまでも仕事をオファーしてもらう被写体なのですから。

下重　これはもう、『秋吉久美子　ウラ調書』を出版するしかないわね。ちなみに秋吉さん、今おいくつですか？

秋吉　70歳になりました。古希です。

下重　あと少し年齢を重ねると、だいぶ生きやすくなると思いますよ。そうしたら、いいたいことは全部いってしまったらいかがでしょう。私自身、80歳に近づいた頃、自分の思っていることをどんどん発言できるようになった。

秋吉　私も最近、少しずつだけど、率直に言い始めているんです。

下重　とってもいい傾向だと思いますよ。

ねえや

秋吉　下重さんはハッキリと意見をいってくださいますが、生まれつきの性格というわけではないんですね。どんな子ども時代を送っていたのでしょうか。

下重　幼少の頃は病弱でした。父の仕事の都合であちこちに引っ越して、大阪に住んでいた時に肺門リンパ腺炎——つまり初期段階の結核だとわかりました。抗生物質が一般的に使われなかった当時、結核は悪くすると死に至る病でしたから、母は私のことをそれはもう大事にしてかわいがって、かわいがられ過ぎて育ちました。つまり、わがままな娘になるための英才教育を受けながら暮らしていたようなものです。

自宅では「ねえや」に世話してもらうことも多かったかな。食事の支度は、母とねえやが一緒にやっていました。

秋吉　若いお手伝いさんがいらした？

下重　うちの父は陸軍の将校でしたが、当時、そういう軍人の家にはよく、住み込みの若い女性がいたんです。たとえば、地方出身の少女を預かる。私にとっては半分家族で、半分他人のような、年上のお姉さん。

秋吉　家政婦さんとはちょっと違うんでしょうか。

下重　家政婦さんは完全に職業だけど、ねえやはもう少し身内に近い存在かな。行儀見習い。うちの両親にしてみれば、その子の人生にも責任をもってお預かりするような感覚でしょうか。もちろんお給料も払うんだけど、お料理やお洗濯だけでなく礼儀作法も教えて、時には結婚の世話を焼くこともある。

秋吉　童謡「赤とんぼ」の歌詞にある、十五で姐《ねえ》やは嫁に行き……という、あの「ねえや」ですね。

下重　そうそう、あれです。

秋吉　下重さんと年齢は離れていたんでしょうか。

下重　私が4、5歳の頃、ねえやは10代前半から半ばでした。「赤とんぼ」の歌詞のように、ねえやは15歳くらいで嫁いでいきます。すると、次のねえやがやってくる。だから、代々ねえやはいたけれど、なかでも「ヨシコねえや」という子はとても人柄がよくて、私も兄も懐いていました。

秋吉　それじゃ、意地悪なねえやもいた？

下重　ええ、最後のねえやはすごく嫌なやつだったの。何か注意を受けると、私や兄のせいだと母に嘘をつくのよ。結核の療養のために、奈良県にある生駒山地の信貴山《しぎさん》に移った時、初めは彼女も一緒でしたが、うつしてしまうかもしれないという理由で生家に帰ってもらいました。今思うと、幼い頃に何人ものねえやと接していたことは、のちのち役立っている気がします。人を見る目が養われましたから。

秋吉　いけずなねえやから学ぶところも大きかったわけですね。その後、信貴山では家族水入らずの生活を送られたのでしょうか。

下重　ねえやがいなくなったあとは、私と兄と母の３人でした。まだ大阪で暮らしていた時に、父は八尾《やお》にある陸軍の飛行場の責任者になり、３人だけが疎開しました。

あの頃の母は本当にたくましかった。ものがない戦争中、どこからか食べ物を手に入れてもってきましたから。母が出かけるたび、たんすにあった着物が一枚ずつ減っていきました。和装が好きでいろいろもっていたのですが、次第にお米に替わっていく。大切にしてきた陶磁器もね。ついにたんすが空っぽになると、自分の郷里に出かけていって、なにかしら食糧を持ち帰ってくれました。

秋吉　愛情深いお母さまです。

下重　愛情、それと義務感ですね。食べ物を調達するのは自分の務めだという思いが強かったのでしょう。

チッキの泣き声

秋吉　戦争でお父さまが不在の間にも、引っ越しをされているんですね。

下重　ええ。引っ越してばかりでした。私の子どもの頃は今のような引っ越し屋さんはありません。だから木箱に自分たちで服を詰め、お茶碗を詰めて引っ越していました。高価な器は一つひとつ新聞紙でくるんで。

秋吉　質のいい食器には薄いものが多くて、割れやすいですからね。

下重　チッキってご存知？

秋吉　初めて聞きます。

下重　手荷物を輸送する時の引換券をチッキというんだけど、それを買って、貨車を借り切ってね。木箱は蓋をして釘を打ち付けるんですけれど、これを引き抜こうとすると、なんともいえないわびしい音がするんです。ギギーッ、ギギーッて。

秋吉　ああ、それなら私も知っています。小さい頃、父が徳島県の日和佐《ひわさ》町（現・美波町）で高校教師をしていた時期があるのですが、そこから福島県いわき市へ引っ越すことになり、家財を箱に詰めました。釘を抜く時にギュッという音がしたのを覚えています。

下重　もの悲しい音でしたね。

秋吉　私たちは一時期、山積みになった木の箱と一緒に暮らしていました。新居が見つかるまで、どなたかの家の倉をお借りしていたのだと思います。

下重　時代性を感じますね。うちは父親が軍人なので、赴任地が頻繁に変わります。物心ついた頃から2、3年ごとに引っ越していました。それもあって、友だちがなかなかできなかった。とくに関東から関西へ引っ越すと、言葉も文化もまったく違うので誰も遊んでくれません。子どもは残酷ですからね。みんなに仲良くしてもらいたくて、その土地の言葉を一所懸命しゃべりました。だから大阪弁はペラペラ、家では標準語のバイリンガル。

秋吉　私も四国から東北へ引っ越しましたが、ずっと標準語だったの。大人になって映画やドラマの役で方言を話したことはありますけれど、プライベートの生活では標準語しか使ったことがありません。

下重　そうだったのね。それはなぜ？

秋吉　母からのアドバイスです。またいつ引っ越すかわからないから、土地の言葉を覚えなくてもいい、といわれました。

下重　それは合理的ですね。友だちとは上手に付き合えましたか？

秋吉　どうだったでしょう……。友だちはできたり、できなかったり。でも、私は友だちがいなくても寂しいと感じたことはありません。だから、どこの学校に通っていても、クラスで一人、私だけが標準語。

下重　あなたはクラスで人気者だったんじゃない？

秋吉　いわれてみれば、なんとなくそういう感じはあったかもしれません。

下重　仲間外れにならなかった理由はそれかもしれない。クラスの子どもたちは、あなたに関しては標準語で話していても許していたんですよ。いわゆる「特別枠」ね。

いつまでも転校生

秋吉　私自身は標準語をずっと話していたけれど、まわりの子はその土地の言葉を喋っていたから、地元のアクセントに耳はすぐ慣れました。だから、のちに方言で話す役をいもらっても、すぐに話せるようになるんですよ。関西弁もネイティブ並みだと自負しています。無意識のうちに、違う言葉を柔軟に受け入れる脳になったのかもしれませんね。

下重　子どもの頃に吸収した言葉やアクセントがずっと頭に格納されているのでしょうね、まるで音感のように。

それを思うと、私は大人になってもずっと転校生のマインドのままだった気がします。どんな環境にいても完全には馴染めず、いつもよその人のようにしていました。だからこそ、大島渚さんの「女の学校」でつけられた「転校生」は絶妙なニックネームだったわけ。そう呼ばれても、まったく違和感をおぼえませんでしたから。

秋吉　私の場合、引っ越しは人格形成には影響しなかったのかな。友だちと一緒に遊ぶことがそれほど重要ではなかったんです、本ばかり読んでいたから。読書って一人で没頭するでしょう？　まわりの反応はまったく気にならなかったんです。高校まで、嫌いな子が一人もいませんでした。

下重　本当に？

秋吉　はい。当時はあんまりまわりをみていなかったんだと思います。ほとんど関心がなかったから。もちろん、たまには誰かに興味をもつこともありましたよ、なんだか変な子だなあ、意固地だなあ……というように。でも、嫌いにはなりませんでした。近づかなかったんです。

下重　周囲と距離をとる感覚は私も理解できます。小学2年生で結核とわかってから、学校へは行かずに2年ほど自宅療養していたんです。同じ年頃の子とまったく遊ばなかったので、復学した後もどう接していいかわからず、口数の少ない子どもでした。私も読書量が多くてませていましたから、クラスの男の子たちが幼く思えて仕方がなかった。

秋吉　男の子って同世代の女子と比べると圧倒的に幼いですからね。教室の後ろのほうで取っ組み合いして、バカなことといってふざけているわけでしょ（笑）。

下重　そうそう、本当に幼稚でしたねえ。男の子と女の子のそういう差というのは今も昔も変わらない、普遍的なものなんでしょうね。

ノーブラは自由の象徴か

秋吉　幼稚といえば、中学生の時、まだ13歳くらいだったかな。私、男の子たちから

「ブラジャー」って呼ばれていたの。

下重　いかにも男の子が考えそうなニックネーム。

秋吉　ねえ。

下重　秋吉さん、13歳でもうブラジャーを着けていたの？

秋吉　着けていました。クラスで最初にブラジャーをしたから、「ブラジャー」。もっとも、子どもの頃からずっとブラジャーに憧れてはいたんです。私も早く着けてみたいなあ、って。

下重　気持ちはわからなくもないけれど。

秋吉　後ろの席からは、制服のブラウス越しにブラジャーのひもが透けてみえるでしょ。それで「ブラジャー、ブラジャー」ってからかわれました。

下重　そういえば、秋吉さんの本を読んでいたら、ある時期はノーブラで過ごしていたと書かれていたわね。

秋吉　それは芸能界に入ったばかりの頃ですね。デビューしてから数年間はノーブラ生活を送っていました。テレビも映画も、雑誌の取材も、いつだってノーブラ。『赤ちょうちん』の撮影の時もノーブラでした。

下重　実は、私もノーブラ派なんです。本筋とは違うけど、この話はもうちょっとしてもいいかな（笑）。秋吉さんは、どうしてノーブラだったの？

秋吉　少女時代は早くブラジャーを着けたかったけれど、成長したら、今度はノーブラがかっこよく感じられたの。きっかけは、ＴＢＳ系列のポーラテレビ小説。

下重　昼帯のドラマに出演されていたんですね。

秋吉　はい。デビューして間もない１９７３年に、佐藤愛子さんの自伝小説が原作の『愛子』に出演していました。山科桜子という女子高校生の役です。その時に同じ年頃の新劇の女優さんも女子高生役で出演していて、彼女がいつも白のＴシャツでノーブラだったんです。それをみて、「かっこいいなあ」と。

下重　私もやろう、となった。

秋吉　１９７０年代ですから、ヒッピー文化を意識していました。あの頃、若い世代はみんなＴシャツやタンクトップ姿でしたね。ウェーヴがかかった髪に花飾りをつけ、ギターを弾いたり歌ったり。ずっと憧れてはいたけれど、高校に通っている頃はさすがに我慢していました。それが一転、社会人になったら、服装や髪型のことで私を叱る人なんて誰もいなくて、「なんでも自由にしていいんだ」って嬉しくなっちゃって。ノーブラでいると、叱られるどころか喜ばれたりしちゃうわけですよね。

下重　男の人たちは喜ぶでしょう。私はブラジャーが嫌だったなあ。それに、あなたのように胸が豊かではないので、ブラジャーをする必要もなかったんです。

秋吉　そうおっしゃるけれど、胸が豊かじゃないほうがノーブラはかっこよくみえるんですよ。

下重　そうなの？

秋吉　その人の身体のシルエットにもよるでしょうけど、Tシャツなんかサラッと着こなせて。それに、胸が大きいとヒッピー文化とは違うイメージでみられてしまうんです。こちらはヒッピーのかっこよさに憧れ、意識しているというのに、周囲はお色気アピールじゃないかという目でみるわけです。それに気づくまでに10年くらいかかってしまった。きっかけは、NHKの時代劇に出演した時のことです。

下重　時代劇ということはきっと和装ですよね。着物姿であれば、ノーブラでもわからないでしょう？

秋吉　おっしゃるとおり、本番では着物を着ていました。でも、リハーサルでは私服で、キャミソール姿のこともあります。すると、正面にいる男性のディレクターが私にだけ何度も何度もお辞儀のシーンをやらせるんですよ。

「あなた、気が付かなかったの？」

マネージャーにいわれ、そこでようやく気づいたの。私がイメージしているかっこいいノーブラと周囲の目線が食い違っていたんです。

下重　みんな、勘違いしたのね。

秋吉　あるいは、勘違いしていたのは私だけかもしれません。

私がデビューした頃というのは高度経済成長がストップし、学生運動も終焉を迎え、アメリカではベトナム反戦運動が大きなうねりを生んでいた。ひたむきに前を向くことに疑問をもつ人がたくさん出てきたのです。吉田拓郎さんが、男の子が髪を伸ばすことを歌っていたのもこの頃ですよね。

そういう時代だったからこそ、ノーブラだけじゃなく、私は穴の開いたジーンズに毛玉だらけのセーターという姿で記者会見に臨んだり、カメラの前でもニコリともしなかったり。

下重　それは社会に対するメッセージでもあった。

秋吉　共感してくれた若い人たちもいたかもしれないけど、大人の反感を買って「生意気だ」って叩かれました。青春って、見当違いですよね。

下重　「青春は見当違い」――いい言葉ですね。見当違いも含め、いろいろ積み重ねたからこそ、今があるのよ。何一つ無駄ではない。

秋吉　そう思いたいです。代償は大きかったけれど。

夢を守る責任

秋吉　下重さんはいつからノーブラなんですか？

下重　ノーブラ話を引っ張るわね（笑）。局のアナウンサー時代は、周囲がいろいろいうので、仕方なく着けていました。

秋吉　ＮＨＫのアナウンサーがノーブラでニュースを読んでいたら、確かに世間がザワつきそうです。

下重　でも、31歳でNHKを辞めた頃から今まで、ほとんど着けていません。これからもしないと思います。好きじゃないんです、鬱陶しくて。それに、ブラジャーをすると、自由が失われた気持ちになる。身体を締め付けるあの下着から解放されなくちゃいけない気がします。

秋吉　私とは動機がだいぶ違いますね。

下重　でも、ヒッピーも自由を求めてノーブラだったんじゃないかしら。

秋吉　それは確かに。

下重　私は死ぬまで着けないつもりです。秋吉さんのように、ファッションとしてノーブラを意識する気持ちもありますよ。この前パリを訪れた時、70、80代くらいのスリムな女性が、胸の谷間が目立つようなタンクトップを着て颯爽と歩いていました。彼女はノーブラだったと確信しています。堂々としていてかっこよかったなあ。見た目も美しかったし、自由も感じられました。秋吉さんはその後、着けるようになりましたか。

秋吉　ノーブラ生活を10年続けてから、またブラジャーを着け始めました。ノーブラだと、スーツ姿の役柄の時にシルエットがきれいに出ないんです。

下重　プライベートではどうしているの？

秋吉　外出時は着けています。自宅でも、来客がある時は着けます。エチケットとしてというよりも、誰かをがっかりさせたくないんです。あまりにリラックスした格好でお客さんを迎えるのは気が引ける。相手が私に対して抱いてくれているかもしれない「夢」を壊してしまうことになるから。

下重　やっぱり「公共サービス」を意識している。

秋吉　そうなのかな。ブラジャーに限らず、私は自分のために装うことはあまりなくて、むしろ自分自身を周囲のイメージに近づける意識をもって生きてきた気がしますね。

東北未来がんばっぺ大使

下重　イメージといえば、以前、秋吉さんが明治神宮外苑地区再開発の樹木の伐採計画の見直しを求める運動に賛同されていたのが、とっても新鮮でした。

秋吉　あっ、２０２３年のことですね。

下重　市民グループが東京都庁で会見を開いていていました。その時に賛同を得た著名人の名前が挙がっていて、作家の浅田次郎さんや澤地久枝さん、椎名誠さんや落合恵子さん、シンガーソングライターの加藤登紀子さんとともに秋吉さんの名前がありました。

「神宮外苑は季節を織りなす人生の一部です」

そうおっしゃったそうですね。

秋吉　下重さんを落胆させてしまうかもしれないのですが、あれは自発的に声を上げたわけではないんです。ある集まりで、外苑の樹木伐採の見直しを求める市民活動の署名をお願いされ、「もしよかったら、コメントもいただけませんか」って。それに応じたんです。翌日、NHKのニュースになり、「あ、これ私だ」と驚きました。報道をみたいろいろなかたたちから連絡をもらったのですが、取材に応じたつもりはなかったの。

下重　不意打ちだったのね。でも、結果的にとてもよかったと思います、秋吉さんの社会性が広く知られて。

秋吉　私、いかにも社会性がなさそうなキャラクターですからね(笑)。

下重　神宮外苑の緑を守るという運動に秋吉さんが反応したのは、一般的には意外にみえたでしょう。あの運動に関わっている人たちはもちろん、多くの人は嬉しかったはず。私も嬉しかったですよ。

そういえば、東日本大震災の復興関係の活動にも携わっていますよね。

秋吉　「東北未来がんばっぺ大使」という役を任されていたのです。私、小学生から高校生時代まで福島県のいわき市で暮らしていたから、被災地復興の応援、風評被害と闘うなどのお手伝いをしていました。

私は基本的に、原発には反対です。ただ、左派でも右派でもないノンポリで、自らすんで意見を表明することはありません。昔からイデオロギーそのものが苦手。他の人たちと群れて、組織に呑み込まれるのも不本意なんです。だから運動には参加しないけれど、マイクを向けられた時には自分の意見を話すようにしています。

下重　右とか左とか、枠にはめたがる人は多いですからね。職種上、秋吉さんよりは立場をはっきりさせなくてはいけませんけど、私もイデオロギーにはあまり興味はない。左派の主張と重なるところは多いですが。

秋吉　下重さんは、考えを発信するお仕事ですからね。

下重　「イデオロギーは嫌い」とばかりもいっていられないので、発信の仕方については自分なりにいろいろ考えますよ。ただ、秋吉さんと同じで、みんなで集まって何かをするのは苦手。向いていないですし、できません。早稲田大学の同級生には、ずっと活動に携わっている友人もいるんです。もう80代なので、彼女と一緒に活動していたおつれあいは先に亡くなって。でも、彼女はくじけず続けています。年齢的に、なかなかの重労働だろうなあ……とは思いますが。

秋吉　かえってエネルギー源になっているかもしれませんよ。

下重　そうね、確かに元気になっているかも。彼女とはよく話すんですけれど、

「私は私の場でやるからね」

「あなたはあなたの立場で頑張って」

「あなたにはペンという武器があるでしょ。私は今月も議事堂前のデモに行く」

そんなふうにお互い励まし合っています。

ガールズケイリン復活に奔走

秋吉　下重さんはとにかくタフで、アナウンサーだけでなく、作家、評論家、エッセイスト……と、さまざまな分野で活躍されてきましたね。

下重　ちゃんと活躍できているかどうかはさておき、いつも一所懸命なことは確かですね。私、ＪＫＡの会長もやっていたんですよ。民間人、かつ女性として初だった。

秋吉　ＪＫＡ？

下重　競輪とオートレースを統括する公益財団法人で、もともとは「日本自転車振興会」といいました。

秋吉　下重さんがその会長を？　なんとも意外な組み合わせです。興味がおありなんですか。

下重　オートバイにも自転車にも、それまではまったく縁はありませんでした。私ね、実は自転車に乗れないんですよ。だけど賭け事は好きですし、けっこう強い（笑）。

秋吉　ＪＫＡ会長は自ら立候補なさったの？　それとも他薦ですか。

下重　もちろん他薦です。小泉政権の時でした。

秋吉　どんな経緯で下重さんに白羽の矢が立ったのでしょう。小泉純一郎元首相と面識があったんですか。

下重　一度も会っていません。

秋吉　それなのになぜ？　賭け事にクリーンなイメージをもたせたかったのかしら。

下重　それも多少はあったと思いますが、最終的にジャッジを下すのは官僚です。官僚が政治家に意見を囁くわけですから。いずれにしても、私自身が不思議で仕方がなかった。なぜ私なの？　と。

秋吉　競輪場に通うお客さんのメイン層は男性でしょう？　女を敵に回したくない、女性を組織のトップに据えればもっと理解を得られるのでは、という思惑が働いたのかも。

下重　それもあるでしょうね。同時に女性客も増やしたかったのでしょう。最初にオファーがあった時にはその場で断りました。その後、二度、三度と要請があって、もしかしたら女が責任ある職に就く突破口になるかもしれない、って考えるようになった。

秋吉　世の女性のために。

下重　はい。最初はみんな、私のことを〝お飾り〟の名ばかり会長だと思っていたみたいですけれど、とんでもない。やると決めたからには徹底的に仕事をしました。全力投球です。在任中の6年間、億単位の収益の動きの管理から人事まで、すべてに携わりました。競輪やオートの関係者はびっくりしたと思いますよ、まさか私がそこまで真剣にやるとは思っていなかったはずだから。陰で「この女、困ったもんだ」なんて思われていたかもね。

秋吉　なんて勇ましい。印象深かったお仕事はありますか。

下重　一つは、ガールズケイリンを立ち上げたことでしょうか。競輪という自転車競技は国際的なもので、オリンピック種目として確立しています。ちょうどその頃、ロンドンオリンピック（2012年）も開催されることになって話題を集めていました。あまり知られていないのですが、競輪というのはもともと日本発祥のスポーツで、英語でも「ケイリン」というの。かつては日本にも女性の競輪は存在したのですが、おそらく儲からなかったのでしょう、いつの間にかなくなってしまったんです。

ガールズケイリンは是非とも復活させるべきだと思いました。そこへ、橋本聖子さんが会長室へやってきてね。二人で大いに盛り上がりましたよ。

秋吉　橋本聖子さんはのちに東京オリンピック・パラリンピック競技大会担当

大臣を務めておられましたね。

下重　ええ、いわばスポーツ関係のトップ。そして、お酒にも強かった（笑）。私にとって、JKA会長を経験したことは、モノ書きとしてもプラスになったんですよ。

秋吉　学びは大きかったんですね。たとえば、どういった面で？

下重　原稿に「男」を書けるようになりました。当時、私は毎日売り上げをチェックしていました。毎日、億単位のお金が動く——それを自分のこととして捉えるのは初めての経験だった。責任者は私ですが、他の職員はみんな男性でしたから、組織の中で男がどう動いて、どんなふうに振る舞って、どんなジャッジをするのか。行動原理を観察、理解するうえでとても勉強になりましたし、面白かったですよ。私のまったく知らなかった世界でしたから。

お決まりのヒロイン

秋吉　これまでお話を聞いていて、改めて「女性性」「男性性」って面白いテーマだなと感じました。半分冗談で半分真剣ですが、私には、子どもの頃から「こうはなりたくない」っていう女性像がありまして。

下重　うんうん。

秋吉　父は洋画が好きで、「マカロニ・ウェスタン」など西部劇を家族でよく観ていたんです。下重さんも想像がつくと思いますけど、そういう作品にはお決まりの女の人が必ず出てくるでしょ？

下重　幌馬車が荒野を進むと、先住民や暴漢に襲撃される。そういう場面で、キャーッと騒いで飛び出したりして厄介ごとを増やす女性——かしら？

秋吉　まさにそうです。それこそ男性の庇護欲みたいなものを掻き立てる役回り。
　パニック映画『タワーリング・インフェルノ』なんかでも顕著じゃないですか。スティーブ・マックイーンとポール・ニューマンが主演のアクション大作ですが、サンフランシスコの超高層タワー・ビルが大火災になります。消防士たちが生存者を隣のビルに避難させようと決死の救出作戦に挑むんだけど、ここにも「困った女」が出てくる(笑)。

下重　「怖いわ」とかいってぐずぐずしているうちに、彼女の巻き添えでたくさんの人が死んじゃうのよね。

秋吉　ああいう女の人にだけはなりたくないと思っちゃう。

下重　嫌ですよねえ。現実には「男だから」「女だから」なんて属性は関係なくて、個人のキャラクターだと思いますが。

まあ、そういう場面で手に汗握りつつ、時にイライラさせられるのもエンタテインメント作品の醍醐味でしょうけどね。

秋吉　そうじゃないとドラマにならないですからね。

子ども時代、数多の物語に触れて「男の人の背中にしがみつくのではなく、私は私の目でみて、私の心で感じて、私の頭で考えて生きたい」と強く願いました。ですが——けっきょく作家が描く「想像上の女性」を演じることをアイデンティティにし続けた。それは、母に対する「裏切り」でもありました。

第二章　家庭内キャリアウーマン

二人のマサコさん

下重　秋吉さん、お母さまとのご関係は？

秋吉　物心ついた頃から親友みたいな関係でした。ろくにけんかしたこともなくって。

下重　にわかには信じがたい。

秋吉　母は「まさ子」というのですが――。

下重　えっ、うちの母も同じ名前よ。〝みやび〟に子どもの子で「雅子」。

秋吉　こんな偶然ってあるんですね。

　私の母は何度か表記を変えているんですよ。最初は「正子」でした。でも〝正しい子〟だとどうも名前が強い。第一子の私を産む時に二晩もかかってとても苦しんだので、字画がよくない——と判断したみたい。それで、一時期は下重さんのお母さまと同じ、雅やかな「雅子」だったんですよ。その次は、ひらがなで「まさ子」。どうも、父と私が険悪な関係になるのをみて、おだやかな字面にしたみたいなんです。

下重　そんな経緯があったんですね。

秋吉　戸籍は変えていないはずですが、手紙には「まさ子」って署名していました。

母と私はとっても仲良しで、母は100パーセント、ううん、120パーセントくらいの信頼を寄せてくれていたと思います。味方にして理解者、一心同体の存在だった。

そんな母を基準としていたものだから、社会に放り込まれた時にちょっとした勘違いが生じました。母がしてくれたような手厚いケアを受けられないと、「ちょっとこれ、問題なんじゃない？」っていちいち思ってしまう、自覚のない傲慢さがあったんです。

下重　私にも似たようなところが。

秋吉　先ほどおっしゃっていましたよね、お母さまに猫かわいがりされていた。

私はふっと「今日、学校に行きたくない」と感じることがありました。母は叱ることもなく一緒にスーパーへ買い物に行き、私は上機嫌になりました。

下重　それでは、お母さまにはなんでも話せましたか。

秋吉　積極的にあれこれ話すわけではなかったけれど、会話を交わさなくてもわかり合える関係だったと感じます。

下重　波長が合う、ツーカーの仲。

秋吉　母は器用な人でした。レーズン入りのそば饅頭やいちじくジャムなんかもお手製だったし、お寿司も握りました。「今日のお昼、おうどんでいい？」って訊くから、「うん、いいよ」と答えたら、台所でせっせとうどん粉をこねてるんですよ。

下重　すごい。

秋吉　洋服も仕立ててくれました。編み機でコートをつくり、そこに手縫いでモヘアの白い襟をつけてくれて。成長すると、糸をほどいてそれをカーディガンにして、その後、私も妹も着られなくなるとまたほどいて、セーターを編んでくれました。

下重　ものがない時代でしたからね。それにしても大変な献身ね。

秋吉　下着も手づくりだったの。

下重　まさかブラジャーも？

秋吉　さすがにそこまではしませんでしたが、カーテンの端切れで私のパンティーをつくってくれていました。他の女の子たちはみんなつるりとしたナイロンの下着なのに、私はごわごわのパンティー……というより、ズロースみたいなものを穿いていた。新学期の身体測定では自分だけが手づくりシミーズに、手づくりズロース。なんだか居心地が悪かった。

下重　シミーズにズロースね、わかりますよ。

秋吉　母は家庭内キャリアウーマンだったと思います。字も上手でした。身だしなみに気を遣っていて、朝、私が起きると母はすでに着物姿。眉がきれいに描かれていました。

下重　そういえば、うちの母もきちんとしていました。女性たるもの、素顔を夫にみせてはいけないとさえいわれた時代でした。

秋吉　女優になってから、仕事で私の付き人をしていた女性が、ボーイフレンドに「俺の目の前で着替えるな」っていわれたんですって。みっともないからって。

下重　なるほど……。

秋吉　それをたまたま隣で聞いていた母は、たった一言、「私も、お父さんの前で下着になったことはないわ」とつぶやいたんです。あの時に初めて気づきましたが、私も母の下着姿はみたことがありませんでした。そして、父がステテコ姿で過ごす姿も覚えがない。

下重　私とつれあいも家で下着姿では過ごさない。そういうしつけを受けてきたわけですね。

娘に託した夢

秋吉　父は亡くなる間際、自宅療養をしていました。往診にきてくれるドクターを迎えるたびにパジャマを着替えてワイシャツのボタンを留め、上下スーツ姿でネクタイまで締めていました。お医者さまに失礼になるから、といって。自分の家なのに……。

下重　昔の人って、そんなところがありましたね。

秋吉　仲良しではあったけれど、私は母にとって、理想の娘ではなかったと思っています。

下重　あら、突然。どうしてそんなふうに思うの？

秋吉　母は中学を出てすぐ看護学校に進みました。本当は上の学校に進みたかったけれど、11人もいるきょうだいの真ん中に生まれた家庭の事情で断念せざるをえなかったんです。ずいぶん時間が経ってから気づきましたけれど、自分が叶えられなかったことを私に求めていたところがあったと思います。

下重　秋吉さんには学問を志してほしかった？

秋吉　はっきりいわれたわけではないけど、名門大学で学んでほしかったはず。それも、お金があまりかからない国立大学で。私、中学生くらいまでは、大して勉強をしなくても成績がよかったんです。一学年に500人くらい生徒がいるなか、クラスで1番、学年で10番以内に入ったりもした。母は嬉しかったと思います。

ところが、受験生が一番勉強しなくてはいけない高校3年生の夏休みに、斎藤耕一監督の映画『旅の重さ』のロケで四国に行っていました。自分でオーディションに応募して役をもらったのですが、

「夏休みにどこかへ行けば、受験勉強しなくて済むぞ」

なんと、そんなモチベーションだったんです。どういうわけか、「勉強しない＝入試

に失敗する」という頭はまったくなかったんですね。
　こうして大学受験は大失敗、滑り止めにも全部落っこちました。

下重　そうでしたか。受験に再チャレンジしようとは思わなかった？

秋吉　高校卒業後、4月から予備校には通ったんですよ。だけど、どうも居心地が悪くって。大学に進んでからの具体的な目標がなかったことが大きかったと思います。

下重　入学後に目標を見つけるという発想はなかったのね。

秋吉　ええ。目標がないから受験勉強がまったく楽しくなかったの。身内にトラブルがあって弁護士さんに救われたとか、病身をずっとドクターに支えてもらったとかいう経験があったなら、熱意をもてたのかもしれないけれど。

下重　それで芸能界へ。

秋吉　はい。ひょっとしたら女優という道もあるのかな……くらいの意識で「折り合って」芸能界に入りました。そのうち、何もわからず泳いでいました。

下重　芸能界とは相当厳しい世界だと思いますよ。あなたとお話ししていて、より理解が深まりました。そんな業界で、秋吉さんは秋吉さんにしかできない仕事をしている。

秋吉　「アニマルプラネット」のドキュメンタリーなんかを観ていると、ジープに乗った動物学者が野生動物を追いかけている姿が映るでしょう？　キラキラと目を輝かせて。そういう姿を高校生の時にみていたら、今頃まったく違う道を歩んでいたかもしれないなあ、なんて思ってしまうの。

学生集会の〝プレイガール〟

下重　どんな高校時代を過ごしていたの？

秋吉　女子校の進学校に通っていましたが、意識の高い高校生や大学生の男子たちが周囲にたくさんいました。私は、彼らが道を踏み外さないように導いてあげることが自分のミッションだと思い込んでいた。三里塚闘争やよど号ハイジャック事件、山岳ベース事件などで騒然としていた時代でしたから。

下重　若いエネルギーは暴発しますからね。失敗から学ぶこともありますから、悪いことだとは思わない。

秋吉　ただ、社会と真剣に向き合おうとすれば、社会の反逆者になる。純粋であればあるほど、正義感が強ければ強いほど、その青春は「危うい」と強く感じました。「貫けないイデオロギーなら、語っても仕方ないいんじゃない？」「まずは社会としっかり向き合う。そのうえで、自分にしかできないことを考えたらいいのでは」

理論に走りがちな男の子たちを前に集会でスピーチしたり、個別に会って話したりするうちにどんどんファンが増えていって、けっこう名の知れた存在になりました。当時、私は偽りない善意からみんなを救おうと思っていましたし、救えるはずだと信じていました。

下重　ボランティア精神、あるいは一種の親心のような。

秋吉　それに近かったと思う。案外、母性が強いのかな。母はとても母性の強い人だったから、その血を受け継いでいるのかもしれません。それから、ちょっと本の読みすぎで、犠牲的精神に憧れてもいたの。

でも、男の子たちは、体よく私とデートしたかっただけかもしれません。「話がしたい」といって近づいてくるくせに、すぐに恋愛に持ち込もうとしました。〝プレイガール〟呼ばわりされることもありました。
彼らは家に帰るとしっかり勉強をして、次々に名門大学に受かっていきました。実に要領がよく優秀です。一方、不器用な私は全部落っこちて『赤ちょうちん』の道へ……。

自己欺瞞と罪の意識

下重 お母さまは、『赤ちょうちん』を望んではいなかった?
秋吉 面と向かっていわれたわけではありませんが、そんな気がします。
下重 どうしてそう思うの?
秋吉 デビューして間もない頃、私が出演している映画が一週間に2本封切りされたんです。娘が出ている映画であれば、2作品とも観にいく親御さんは多そうなものじゃないですか。
下重 そういう親は多いかもしれないですね。
秋吉 ところが、母は1本しか観ていないというの。
「どうして2本とも観ないの?」

不思議に思って聞いてみたんですよ。そうしたらね……。

「私たちには、私たちの暮らしがあるから」

あなたのことにそこまで時間は割けませんよ、って突き放すような言い方だった。私、何か悪いことをいってしまったのかしら？　と気に懸かってしまって。

下重　照れ隠しもあったんじゃないかな。

秋吉　ところがそんなタイプでもない。その後も私の芸能活動について、まず話題にすることがありませんでした。ちなみに、うちの父はミーハーで、２本とも張り切って観にいっちゃうタイプです。だから、１本しか観なかったのは母の意思でしょう。先ほどもお話ししたように、母には計画があったと思うんです。

下重　あなたには勉学に励んでほしかった。

秋吉　はい。自分が断念せざるをえなかった高等教育は、長女の久美子にしっかり受けてもらおうと。彼女の野心を継承する存在として。それと、妹は家庭的だし甘えん坊なところもあるから遠くへは行かせず、地元に置いておくのはどうかしら、って。そういう計算高さももっていたのかも。

母は隠れフェミニストだったんじゃないかと思っています。市川房枝さんにも憧れていました。私には、ナイチンゲールやキュリー夫人になってほしかったのかな？

下重　新しい女性だったのね。向上心もあって。

秋吉　選挙があると、何気なく会話するじゃないですか。「今回、誰に投票するつもり？」とかって。ところが、母はきっぱりというの。

「どこに入れるかは、個人の自由よ」

父にも私にも、それから年端のいかない孫にも、「誰々に投票する」という話は頑としてしなかったんです。こちらには別に詮索するつもりなんてないから、その温度差にびっくり。今思うと、妻だからといって夫の主義主張に従う必要はない、そんな信念の表れだったんじゃないかと思います。実際、リベラルだったし正義感も強い人でした。

下重　それだけ政治や人権について真剣に考えていたのでしょう。

秋吉　きっと、私には知識階級の女性になってほしかったはずです。教師や弁護士、それこそ国政に関わる仕事なんかに就いていたら、ひそかに喜んだことでしょう。

ところが母の思惑は見事に外れ、久美子は芸能界に入ってしまうわけです。そして、フェミニズムを体現するどころか、アンチフェミニズム的、社会の慰み者のような役柄を担う女優に。この裏切りを受けて、母はずいぶん失望したんじゃないかと。

下重　うーん、私はそうも思わないけれど、あなたはそういう解釈をしているわけですね。

秋吉　あの時、デビューしたばかりの娘が出ている映画を1本しか観なかったのは、静かな怒りの表明だったのかもしれない……って感じるのです。

そんなわけで、私は女優であることについて、どこか詫びるような気持ちを心の隅で持ち続けていました。母の期待に応えられなかったなあ、と。

下重　とはいえ、それをきっかけに険悪な仲になったわけではない。

秋吉　ええ、まったく。その後もずっといい関係だったからこそ、あの時に母の〝不機嫌〟を察知したことがずっと胸に残っています。そのまま芸能界で仕事することにも後ろめたさを感じました。時代と、社会と、勇敢に向き合うことをせずに「女性性」の中へ逃げたのではないかと。

下重　あの時代、挫折を抱えて生きていたのはあなただけではないでしょう。

秋吉　本当にそうなんです。高校時代に私が集会で出会った男の子たちは、正義感と若いエネルギーに満ちて学生運動に触れてみたものの、けっきょく右派にも左派にもなれずにむなしさを抱えていました。ある時期がきたら一斉に就職活動をして、もれなくスーツ姿の社会人になって……。私が女優として受け容れられたのは、自己欺瞞と罪の意識を彼らと共有していたからかもしれません。

下重　女優になったことへの後ろめたさは、今でもありますか。

秋吉　それが、あとになってわかったのですが、芸能界にいても忍耐をもって勉強を続け、技術なり知識なりを身につけて、きちんと社会と対峙することはできる。そうすれば、夢をもてない人を救うことだってきっとできるはずなんです。

「誇れるようなものではないけれど、女優って悪い仕事じゃないのかな」

　そう思えるようになりました。

下重　誇れるものではない、と思うのはどうして？

秋吉　私は「折り合って」芸能界に入ったから。「面白いかも、やってみよう」という感じで、理念とか情熱に突き動かされて進んだわけではないのです。その結果として、社会に弾かれることも経験していません。

下重　芸能界に進む道を「選択」してはいない。そういうニュアンスかしら。

秋吉　はい。自ら選んだというと語弊がありますね。

下重　むしろ選ばれたのでしょう。どんなに切望したところで、適性がなければ就けない職業ですから。

秋吉　どうなんでしょう……。ただ、私は女優の仕事をがむしゃらに頑張ってきたと思います。それこそ、体を張って。

母から受け継いだもの

下重　そういえば秋吉さん、この対談で初めにご挨拶した時に、私のことを「下重先生」なんて呼ぶものだから、仰天しましたよ（笑）。慌ててやめていただいたけど、あれはいったいどうしたの？

秋吉　これは私なりの仁義の一つなんです。年上の女性に対しては、とりわけ尊敬の念をもって接するように心がけている。自分よりも多くの年月を生きている人には敬意を払ってしかるべきだと考えていますから。

下重　そういう思いが込められていたということね。それは、相手が身内であっても変わらない？

秋吉　そうなんです。母のことは好きだったし尊敬もしていた。相手へのリスペクトをもって接するという心の持ちかたは、後に社会へ出てからも私を支えてくれました。

下重　そうでしょうね。

秋吉　私が小学生の頃、非常に貧しいおうちの友達がいたんです。同級生の女の子でした。私は何も気にしない性質《たち》ですが、母も「遊んじゃだめ」なんて一言もいいません。穏やかな優しい子で、おはじきを教えてもらったりした。夢中になるとお互いの頭がくっつきあって、それでどうやら、私の髪にシラミが湧いちゃったんです。

下重　その子の髪から、秋吉さんの髪にシラミが移ってきちゃった？

秋吉　おそらく。それを見つけた母は、「あらあら、シラミがついてきちゃったわね」というと、丁寧に櫛ですいて、親指の爪で一つひとつプチンとつぶした。

下重　素敵なお母さま。

秋吉　やがてその女の子は別の地域の市営住宅へ引っ越していきました。それっきり、一緒に遊ぶどころか顔を合わせることもなくなった。それが、小学校も中学校も卒業した頃、母が街でその子とばったり再会したというんです。彼女は中学を出てお勤めしていたらしくて、母は「今も笑顔がかわいかったわよ」っていうんですよ。大げさに思われるかもしれないけど、あの時、母の顔がマリア様のようにみえた。

下重　大げさだなんて思いません、そんなお母さまをもって誇らしいわね。

秋吉　高等教育を受けているとか受けていないとかいうこととはまったく別の、人としての品性が現れていたと思うんです。母はいつもそんなふうでした。

それから、私が子どもの頃、父はよく仕事関係の知人や友人を連れて帰宅しました。当時のことですから、ほとんどの場合はアポなしの来客です。

下重　昭和の時代、そういうことはよくありました。

秋吉　母はもちろん何も準備をしていません。内心困ったはずですが、嫌な顔一つみせず、あとから父に文句をいうでもなく、いつもテキパキと応対していました。鮮明に覚えているのは、ある時、父が急にお客さんを連れてきたので、うちには家族４人分の夕飯しか用意がなかった。４切れの焼き鮭を用意した母は、「私はあとで食べるから」といってお客さんに出しました。食いしん坊の母でしたが、当然の顔でした。

下重　家庭内キャリアウーマン。

秋吉　それから、私や妹が病気で高熱を出したりすると、夜中の真っ暗な中を一人で病院へ駆けていってお医者さまを連れてきてくれました。そういう時、ほかの家庭では父親の出番なのかもしれないけど、うちの父は身体が丈夫ではありません。お坊ちゃん気質のところもあったので、病院へ走るのはいつも母でした。

下重　先ほども「母性が強い」とおっしゃっていたけど、お母さまのそういう精神性は、自分のなかにも感じますか。

秋吉　これは母から受け継いだのかなあ、と思う性質はありますね。たとえば、きつい撮影現場でも頑張ってこられたのは、深夜に病院へ走ってくれる母の背中をみていたからかもしれません。芸能の世界は華やかにみえますが、現場はもう戦場のようで……肉体的にきついことは多いです。

下重　そうでしょうね。

秋吉　雨の中をびしょびしょになって走ったり、冬に雪深い山を歩いたり、夏の真っ盛りに琵琶湖のほとりで十二単を着たままじっと待機したり。

　だから女優同士って、たとえ初対面であってもどこか「同志」のような気持ちで向き合えるんです。好き嫌いや相性のよしあしを超えたところで、相手に共感できる。「この人も、自分と同じように厳しい現場を体験してきたんだろうなあ」と想像して連帯感をもてるので、リスペクトを胸に仕事ができます。そういう気持ちになれるのも、私のなかに母の血が流れているからかもしれません。

下重　秋吉さんのなかに、まさ子さんが生きている。

秋吉　はい。それ以外にも、母にはずいぶん支えられてきました。私、35歳の時に最初の離婚をしたんですけれど、実家にも雑誌の取材記者が訪ねていったらしいんです。ピンポーンってインタフォンが鳴って玄関のドアを開けたとたん、写真を撮られそうになったのだけれど、母はきっぱりといったそうです。

「30を過ぎた娘のことで、母親の言葉が必要ですか」

下重　さすがですね、立派。

秋吉　自分の母親ながら、私もさすがだと思いました。その時に対応したのが父だったら、きっとうろたえていたはずです。

下重　そういう場面では、男の人のほうが弱いですからね。

金髪のクラスメイト

秋吉　下重さんのお母さまはどんなかたでしたか。

下重　母は新潟県の高田という、海に面してはいませんが、日本海に近い町で生まれ育っています。当時でいう地主の娘で経済的に豊かでしたが、なにしろ冬になると雪が3メートルも4メートルも積もって2階から出入りするほどの豪雪地帯です。そのおかげで辛抱づよい性格になったのでしょう。

すでにお話ししたとおり、大変な子煩悩で〝暁子命〟という感じだった。愛情を通り越して執着に近かったかもしれません。私も私で、小学校3年生くらいまでは思い出すと恥ずかしくなるくらいのいい子、優等生でした。

先ほど、秋吉さんのお母さまが髪をすいてくれたエピソードを聞きながら、私は自分の母親に腹を立てていたんですけれど――大阪・天満橋の近くの大手前高校という進学校に通っていた頃、同級生にすごくユニークな女の子がいたんです。髪の毛を金髪に染めているの。

秋吉　金髪姿とは、当時では珍しかったでしょうね。

下重　とても珍しかった。しかも、ブリーチではなく、ビールで着色していたというのよ。

秋吉　ビールは髪の毛に栄養がありそうです。

下重　本当にビールを使っていたのかどうかはわからないけれど、とにかくとっても個性的な子で周囲からも目立っていて、私は一方的に好意をもっていました。子どもながら、彼女の内面には光るものが感じられたんです。

ところがね……うちの母が、友だちの母親と立ち話をしているのが偶然耳に入った。「あの子、いろんな噂を聞きますから、あまり親しくなさらないほうがいいですよ」

そんな話をしているのよ。しかも、「素行が悪いらしいから」とかいう理由じゃなくて、出身地がどうの、家柄がどうの、というようなニュアンスでいっている。私、本当に頭にきましたね。人権問題に発展する発言じゃないですか。

秋吉　それで憤慨なさった。

下重　自分の母親がそういう発言をしたことが本当に嫌だったし、許せなかった。この出来事は、私をますます反抗的な娘にしたと思います。

秋吉　そのあと、お母さまとは話し合ったんですか。

下重　もちろん話しましたよ。怒りながら。母は「お母さんが悪かった」といって、ひたすら謝り続けていましたが、彼女の考え自体が変わったわけではないと感じました。その場は収まっても、人間の本質なんてそうそう変わるものではありません。

だから、秋吉さんのお母さまの話を聞いて、「ああ、いいなあ」と思ったのよ。

秋吉　ありがとうございます。でもね——うちの母の性質は私に〝祟って〟いるところがあるような気もするんです。

下重　祟る？

秋吉　どこか無防備というか、すぐに心をオープンにして、誰でも受け入れてしまう。

下重　それは美点じゃないのかしら。

秋吉　うちの父は死の間際に「久美子、処世術……処世術が大事」と虫の息でいいました。臨終の言葉です。これって私のことを不器用だと思っていたわけですよね。下重さんもそうだと思いますが、接する相手によって態度を変えるとか、相手を選んで付き合うとかいうことは頭にないでしょう？

下重　うん。そういう打算みたいなことは苦手だし、したくない。

秋吉　父は父なりに心配してくれていたんだろうな……と。巷ではテクニカルな生き方をしている人のほうが多数派ですし、そのほうが生きやすいはずですから。父も心のピュアな人でしたが、公務員を長くやっていましたから、彼なりに「処世術」なるものの研鑽は積んでいたのだと思うんです。

下重　私も巨大組織で働いていましたから、よくわかりますよ。

秋吉　ある時、瀬戸内寂聴さんからお手紙をいただいたことがあって、それをふとした会話のなかで父に伝えたら、「おまえ、瀬戸内さんのような立派なかたから可愛がられているのか」と上機嫌になっちゃった。普段から「新潮」とか「中央公論」を購読していたのもあったでしょうが、ミーハーだったし、名前とか肩書きに弱いタイプ。ずっと自信がもてない人だったのかもしれません。一方、自覚があったかどうかはわからないけれど、母は揺るぎない自信と誇りをもっていましたね。

下重　概して、男性よりも女性のほうがどっしり構えていますね。

過干渉

秋吉　下重さん、お母さまとは徐々に関係がぎくしゃくしていったのですか。

下重　さっきもお話ししたように、最初はとてもいい関係だった。というより、私が母に抱き込まれていました。甘やかされて、彼女から注がれる愛情を満喫してもいて。優等生でお勉強もよくできたものだから、学校の先生たちも期待してくれていたと思います。

私が変わった第一のきっかけは、なんといっても日本が戦争に負けたこと。敗戦時、私は9歳の女の子にすぎなかったけれど、その時に胸の内に生まれた違和感が成長するにつれて加速度的に大きくなっていきました。軍人だった父に対する反発心が頭をもたげて、次第に母にもそれをぶつけるようになった。

あとで具体的にお話ししますが、うちの父はもともと画家志望だったんです。それにもかかわらず、陸軍士官学校を出てエリートの職業軍人になり、戦争に負けたあとも軍国主義的な価値観を心のどこかで持ち続けていたことに納得できませんでした。母はそんな私を必死になだめて、父との間を取り持とうとした。それがまた神経を逆撫でするようで、余計に反発したの。思春期の頃はもう、家庭内暴力寸前のような態度をとり続けていたと思います。

秋吉　お母さまは、そんな下重さんを叱ることがなかった？

下重　叱るどころか、腫れ物に触るような扱いだった。それがまた腹立たしくて。

秋吉　うちの父も若い頃に結核をやって、それ以降もずっと病気がちでした。母にはかなり甘やかされていたと思います。

下重　私も同じ。身体が弱いと、つい世話を焼きたくなってしまうのでしょう。子どもながらに、どんな態度をとっても母だけは私を切り捨てることはしない、という確信があった。そうしてわがまま娘が増長していった。

秋吉　しつけについては？

下重　もちろんありましたよ。でもたった一言。
「他人様《ひとさま》に迷惑をかけてはいけません」
それだけを私に言い聞かせていました。その裏返しに、家庭内での反抗的なふるまいは全部許されていたんです。

秋吉　家族だからこそ、すべてを受け入れてくれた。

下重　ええ。母はそんな私を愛し続けてくれました。ずいぶん前になりますが、高校時代の友人がこんなことを話すんです。
「以前、あなたの家に泊まった時に、お母さまがあなたの活躍する記事や写真をたくさんみせてくださったわ」
それを聞いて、びっくりしてしまって。

秋吉　下重さんがみていないところで、お母さまがいろいろ披露なさっていたのね。

下重　私、それが嫌で仕方なかったの。娘自慢みたいなことして、なんて恥ずかしい……と。穴があったら入りたかった。

秋吉　愛情だとは解釈できなかった？

下重　できなくもなかったけれど、あきらかな愛情過多だと思いました。執着に近いものを感じた。娘は大の大人です。しかも、私の友人を相手にそんな話をするだなんて。

秋吉　娘の出演作を観ない親より、よっぽどありがたい気も……。

下重　秋吉さん、やはりそこを引きずっているのね。

セーラー服の独立宣言

下重　幼少期に結核にかかって自宅療養していた期間、私はほとんど誰にも会わず、離れの一室に引き籠って本の虫のような生活を送っていましたから、早熟でした。ましてや、そんな多感な時期に敗戦も経験している。これから先は自分だけの力でしっかり生きていかなくてはならない、という意思を強くもったんです。家族であろうが母は母、私は私。だから、何かにつけて世話を焼こうとする母の存在が鬱陶しくて仕方がなかったの。

それで、中学生の時にはっきりといいました。

「私は自分で生きる道を選んで、自分で食べていきます」

母親を目の前に座らせて、
「あなたは心配する必要はありません」
「私と関係なく、お母さんはお母さんの人生を歩いてください」
セーラー服を着た中学生の私が説教したのです。

秋吉　すごい……。

下重　生意気だったわよね。当時の社会では女性が家族のために尽くすのは当たり前という考え方が主流でしたから、自分のことは後回しにして夫や子どもの世話を焼いていた女性は多数派。私の母が特別だったわけではないんです。
それでも、母には自分自身の人生を歩んでほしかった。なぜなら、私もそうしたかったから。自分の人生の主人公は自分でしかないのです。

秋吉　下重さんのお説教に、お母さまはどういう反応でしたか。

下重　とっても悲しそうでした。母は地主の家に生まれて不自由なく育ったから、女性が自立して生きていくイメージなんてもっていなかったんだと思います。私に不自由をさせたくない、という一心だったのではないかしら。

秋吉　何も言い返さなかったのですね。感情を抑えていらっしゃったのかな。

下重　母は私の性格を熟知していましたから、反論をしても火に油を注ぐだけだと思っていたはずです。静かに微笑んで、一人で散歩に出かけていきました。そのまま一緒にいたら、私がまたなにか言い始めることがわかっていたんでしょう。1時間くらいしたら帰ってきましたけれど。

秋吉　ある意味、お母さまのほうが一枚上手だったのかも――。その一方で、下重さんが貫く徹底的な「自分軸」、私は敬服します。

下重　120パーセント自分のために生きていれば、たとえ気に食わないことが起きたとしても誰のせいにもできないし、言い訳もできない。自ら選択した道である以上、途中で苦しいことがあっても文句はいいません。すべて自分の責任だと受け入れられる。

それから、自分自身が好き勝手に生きていれば、他人の生き方にケチをつけたり、嫉妬したり、嫌がることを押し付けたりしませんよね。

秋吉　誰かのために生きるということは、相手を思いやる利他主義のようにみえて、多くの場合は違いますね。大概は「感謝されたい」「自分を必要としてもらいたい」って、見返りを求めています。つまり、根っこには利己主義が隠れていることも多い。

下重　そういうことです。

秋吉　近頃は「毒親」なんていう言葉も耳にしますよね。自分の子どもを支配下に置いて、傷つけたり、ネグレクトしたりする人たちのことを指すんだそうです。

私、母に「毒気」があったなんて夢にも思わないけれど、自分が叶えられなかった夢を娘の私に託そうとしていたのでは……という意味では、ずっと重荷を背負わされて生きてきたのかもしれない。かたや、下重さんは中学生の時点で「私は私の道を行きます」と宣言していたわけですからね。

下重　それはお母さまへの思いやりゆえでしょう。何かを押しつけられたわけではありませんから。私自身は自分のことだけを考えて、母に対峙した。結果的にはそれがよかったんだろうと思いますけどね。

〝まとも〟な人は面白くない

秋吉　いわずもがな、下重さんは子ども時代から独立心が旺盛だった。

下重　もう説明する必要はないわね。親元から離れたくて、あえて学区外の大手前高校を選んだんです。受験校でしたから父も母も文句はつけられません。

秋吉　それでは寮に入られた？

下重　知人の年配のご夫婦の家に下宿しました。元軍人のかたのご家庭でした。当時の大阪の公立高校は学区制で、大手前高校に入学するには、その地域に住んでいなくてはならなかったのです。お世話になったご夫婦宅は高校のすぐ近くにあってね、始業のベルが鳴るのを聞いてから家を飛び出しても間に合うくらいの距離だった。

秋吉　15歳で親元を離れて、寂しくはなかったですか。

下重　まったく。ボーイフレンドができて、毎日のようにデートしていました。

一学年上で、音楽部で知り合った相手です。学業も優秀で、いいところのお坊ちゃん。羅紗問屋の御曹司だったんです。大阪は商いの街ですから、問屋さんはとても大きくて、全国各地の取引先と商売をしています。今でいう商社のような規模感でした。

大手前高校の目の前には大阪城がそびえていて、城下には大阪城公園が広がっていました。大島渚監督の『太陽の墓場』の舞台の一つだったドヤ街、あいりん地区は私たちのデートコースからよく見渡せて……。

秋吉　ドヤ街というと、黒澤明監督の『どですかでん』みたいな？

下重　うん。かつて工場街だったけど空襲で破壊されてしまって、跡地に散らばった鉄くずやら釘やら、拾い集めたいろんなガラクタを売って生計を立てていた人たちが暮らしていた。でも、私の隣にいるボーイフレンドは『太陽の墓場』とは別世界の少年です。

秋吉　内面もお坊ちゃま気質だったんですか。

下重　ええ。反骨心がなくて、まっすぐな子。つまり〝まとも〟なんです。私は早稲田大学に受かり、父の実家のある東京へ戻ることになりました。彼は一足先に京都大学に進学していたので、そのまま関西に残りました。

秋吉　彼には「なぜ？」と聞かれたんじゃないですか。なぜ早稲田に入るの？　なぜ東京へ行っちゃうの？　なぜ僕たちは別れなくちゃいけないの？　って。

下重　ううん、彼は〝まとも〟でいい人すぎて「なぜ？」ともいえません。私に追及できない。東京へ発つ日には駅のホームまで見送りにきてくれました。私の乗る車両のデッキを昇ったり降りたり。

秋吉　かわいい。

下重　あの情景は今でもはっきりと覚えています。純粋で、愛らしい子犬のようでした。でも、私は心の中で「これから私は新しい世界で羽ばたくのよ」と思っていました。だから「さようなら」って告げて。

秋吉　彼とはそれきりですか?

下重　私が大学に入ったばかりの頃は、連休や夏休みになると東京に遊びにきてくれました。「僕は京大から慶應に転校する」とさえいっていた。現役で合格した時、彼は慶應義塾大学にも受かっていたんです。

秋吉　お話をうかがう限り、その彼はいかにも慶應が似合いそうです。

下重　お坊ちゃんですからね。でも、彼には「転校だけはやめて」とはっきりいいました。「私に会いたいという理由で東京に来られても困る」とも。

秋吉　きっぱりしていらっしゃる。一見すると残酷なようですが、それが本人のためでしょう。下手に期待させるほうがかわいそう。

下重　そういう恋愛経験を経て、10代の時にはすでに〝まとも〟な人は面白くないと感じるようになりました。「常識」みたいなものの外側にいる、どこかヤクザっぽい人が好き。秋吉さんもそう思わない？

秋吉　下重さんの意図するところは理解しつつ、私は少し違うかも。面白くない人って、その面白くないところが面白い、と感じるんですよ。ちょっとヘンタイ的な感覚かも……。自分が危ういから、相手の危うさに疲れてしまうこともある。それで、面白くない人の面白くないところにも惹かれるのかもしれません。

下重　こじらせていますねえ。でも、おっしゃっていることはわかります。面白くないところが面白い、という領域には私はなかなか到達できないだろうな。

秋吉　もしも京大のボーイフレンドとの交際が続いて結婚したらどうなっていたか、考えたことはありますか。

下重　もし結婚が大切と考えるなら、その相手としては申し分ない……それが嫌でしたね。私はこれから身を滅ぼすような大恋愛をするに違いない、と思っていたから。

話を戻すと、面白くない人に惹かれるというのもまた、秋吉さんの一種の優しさかもしれないですよ。私は長い間、人への思いやりが欠けていたところがあったと感じています。

秋吉　どうでしょう。ここでもまさ子さん譲りの母性を発揮している可能性がゼロではありませんが、自分ではよくわかりません。何しろ、自分自身が一番危うい存在だという自覚がありますから。

下重　戦争に負けた途端に逆のことを言い始めた大人たちが信じられなくなって、私は早くから自我を貫いて生きてきました。一方で、母は誰かに尽《つく》す人生だった。そこは確信犯でした。

秋吉　確信犯？

下重　それが彼女のアイデンティティ、生き方そのものだったの。でも、一番尽した家族から真に理解されていたかというと、そんなことはなかったと思います。大人になってからたまに顔を合わせると、どこか寂しそうにしていました。今もわが家のリビングにかかっている、父が描いた母の肖像画にもどことなく陰がある……。彼女が生きている頃、私は「母に顔が似ている」といわれるのがとても嫌だった。

第三章　落魄の人

たった一人の反乱

秋吉　すべてを許容してくれるお母さまの愛を一身に受けて育った下重さん。思春期に差しかかり、お父さまに猛反発されたとおっしゃっていましたが、お父さまはどんなかただったのでしょうか。

下重　士族出身の軍人の家の長男として生まれ、陸軍幼年学校、陸軍士官学校とエリートコースを歩むことを強いられたサラブレッドです。でも、本人は絵が大好きだったの。

秋吉　アーティスト気質だった。軍人という職業とは対をなすような……。

下重　こっそり絵画教室に通おうとして、そのたびに父親に見つかりお仕置きを受けたようです。なみなみと水を注いだ洗面器をもたされて廊下に立たされたり。

秋吉　時代性もあったでしょうね。代々伝統を受け継いだご家庭の長男であったのならなおさら、個人の意思なんて尊重されなかったでしょう。

下重　かわいそうな人生だったと思います。当時、軍人といえば時代の先端をなす仕事だったわけですよ。日本は「いけいけどんどん」で植民地を拡大して、戦争を推進する立場でね。でも、父は絵を描きたかった。秋吉さんがおっしゃるように、軍人と絵描きでは求められる資質がまるで異なりますよね。それでも、教育というのは恐ろしいもので、やはり軍人の資質に染まっていったんです。

秋吉　胸が痛みます。

下重　軍人の幼年学校には、今でいう中学生くらいの年齢に入学します。その次が士官学校。ここでは高校生くらいの年齢の子どもたちが学ぶ。その上は、大学に相当する陸軍大学校です。この陸大までいくのは一握りの人しかいません。

秋吉　まさにエリートコースを歩まれた。

下重　たとえ家柄がよくてもエスカレーター式には進めないのよ、難しい試験もパスしなきゃならない。でも、絵描きになりたかった父は、職業軍人になったあとも夢を捨てきれなかった。自宅の書斎はアトリエと化し、トルソーや画集で埋まっていました。暇さえあればずっとキャンバスに向き合っていた。

秋吉　油絵をお描きになった。

下重　ええ。中国の旅順やハルビンに赴任していた時にも、風景画や母をモデルにした人物画を描いていたそうですから、単なる暇つぶしではなかったでしょう。

秋吉　やはり諦めきれない思いがあったのかしら。

下重　私はもどかしかったんです。それほどまでに絵が好きなら、たとえ親から勘当されてでもその道を歩むべきだったんじゃないか——そう思うと無性に腹が立った。「けっきょく、あなたは血のつながりに〝迎合〟してしまったんじゃないの」って。

秋吉　ジレンマはあれども、上手いこと折り合いをつけて生きてしまった。

下重　ええ。それゆえに、軍人としても中途半端だったと思います。子どもって単純でしょう？　矛盾しているように思われるかもしれませんが、幼い頃、父は私にとって「憧れの男性」でした。陸軍の将校をしていたから、毎朝、馬を連れた係りの人が自宅の前までお迎えにくるのよ。長靴《ちょうか》を履いて軍服を着た父は、長いマントをひるがえして出かけます。母に抱っこされた私は、馬にニンジンをやりながら父を見送りました。当時はまだ3、4歳。仙台で暮らしていた頃のことです。

秋吉　軍服って素敵ですし、ハンサムなお父さまでしたよね。

下重　そんな父は、敗戦とともに二度目の〝迎合〟をします。かつては「日本が戦争に負けたら、自分も生きてはいられない」と明言していたのに、自死を選ばなかった。それが、私には不思議だったんです。

秋吉　あんなにたくましかったのに、こんなに変わってしまったのはどうして？　と。

下重　そう。もちろん、自傷行為をしてほしかったわけではないし、掌を返すように戦後リベラルのイデオロギーを受け入れてほしかったわけでもないんです。自分なりの信念をもって、「落とし前」をつけてほしかっただけだと思うの。でも、父は宙ぶらりん。ふたたび折り合いをつけて生きる選択をしました。それからというもの、彼は私にとって落ちた偶像になったのです。

秋吉　こうして、下重さんの「たった一人の反乱」が始まるわけですね。

下重　ヤクザっぽい気質の男性に惹かれるのも、その影響かしら？　冗談はさておき、私はうぶでストイックで、親に求めすぎてしまったところがあったと思います。

秋吉 お母さまへの反抗の理由は過干渉だった。でも、お父さまはもっと苦手だったのですね。

下重 父に反発するほうがずっと早かったですね。陸軍将校だった父は、GHQ（連合国軍最高司令官総司令部）の公職追放令の対象でした。軍関係者は政府の要職に就いたり、民間企業でも役員になったりすることが禁じられた。当時、父の背中はとても小さく縮こまってみえました。食べていくのに困って、絵に関係するアルバイトのような仕事も引き受けていました。ところが、公職追放が解除されたら、次第にかつての軍人仲間とも会うようになった。これが三度目の〝迎合〟です。

三度目の迎合

秋吉 いっぺんに開き直って、もともと望んでおられたアーティスト路線を突き進むことはなかったんですね。

下重 むしろその真逆。幼年学校からの仲間たちとしきりにつるむんです。

秋吉　「同期の桜」たちと旧交を温めた。

下重　ええ。それどころか、どうやら考え方まで戦時中のそれに回帰していったんです。仲間との会合から帰ってくると、かつての勇ましい価値観で話をしました。若かった私には理解できなかったし、自分の父親だからこそ許せなかった。

秋吉　一般的に、共通言語というか、価値観や体験、時間を共有する仲間とはなかなか離れられないものでしょう。第一に、とっても居心地がいいですよね。

下重　教育は個人の一生を大きく左右します。そして、自我の土台は10代までにかなり固まってしまう。父はあれほど絵画が好きで、進路についても葛藤していたはずなのに……。そのあたりの矛盾については、おそらく本人も自覚しているんです。

秋吉　その頃、お父さまはおいくつだった？

下重　まだ40代でした。とてもじゃないけど商売に向いているタイプではありませんでしたから、終戦直後は働く機会をなかなか得られず苦労した。先ほどお話ししたように、絵も描いて生活の足しにしていました。私は内心、「そのまま描き続ければいいのに」って思いましたが、それだけではとても家族を食べさせられなかったのでしょう。

1950年前後、公職追放が解除されると、自衛隊に入った父の仲間もいました。陸上幕僚長になった人もいます。自衛隊をつくる際、お手本になったのは旧陸海軍の軍人です。自衛隊のモデルはかつての日本軍なんです。

父のところにも、自衛隊の要職に就かないかという打診があったようですが、さすがにきっぱりと断ったようです。その点だけは父を認めてる。

秋吉　お父さまなりの矜持を守られたのですね。

下重　芸術家肌で生真面目な分、生きづらさも抱えていたはずです。戦後はとくに、カッとなって手を上げることが増えた。私には兄がいましたが、父とはずっと一触即発状態。もみ合う二人の間に止めに入った母は、兄を殴りつけようとした父の拳が耳に当たって鼓膜が破れました。

秋吉　取っ組み合いのケンカですか……。

下重　このままでは殺し合いになるんじゃないかと戦慄しましたね。父も兄も互いにそれがわかっていたのか、私が中学生の頃、兄は家を出て東京の祖父母のもとで暮らすようになりました。

秋吉　お父さまの苦しみ、わかる気がします。不甲斐なさとかやるせなさとか、いろいろな感情が澱のように溜まっていったのかもしれません。

下重　大人になるとそういう視点ももてるようになるのだけど、当時の私はとにかく嫌でしたね。父とは目も合わさず、食事さえ一緒にとらなかった。

敗戦を機に、世の中はがらりと変わってしまったわけです。とりわけ、戦時中に威張っていた男たち――軍人も、学校の教師も、地元の権力者も、一夜にして魂を抜かれたようにしゅんとしてしまいました。

秋吉　もっといやらしい男は、しゅんとするどころか「民主主義バンザイ」なんていち早く転向していたかも。もちろん上っ面だけね。

下重　それは一理ありますね。私にとって、日本社会を象徴する存在は最も身近にいる父でした。だからこそ、社会に対する不信感や怒りを父に投影して、嫌悪感を抱いたのです。

「もう誰も頼りにしない」

「自分のことは自分で食べさせていく」

そんな覚悟をもつようになったきっかけです。

秋吉　先ほどもお話しされていましたね。セーラー服姿の下重さんの、独立宣言。

下重　子どもっぽさや浅はかさもあったかもしれないけど、若い頃の直感ってまっすぐであるがゆえに鋭いのよね。以降、大人たちや男性への期待や憧れのようなものはいっさいなくなりました。

期待をかけるのは自分だけ

下重　私、一時期いじめっ子に目を付けられていたの。戦後、小学生の頃でした。相手は同じ歳くらいの女の子。

秋吉　どうしてですか。身体が弱かったから？

下重　そんなにシンプルじゃなくて、軍人の娘だという理由でした。まるで犯罪者の娘であるかのようにずっと責め立てられて、いじわるもされて。うちの玄関まで押しかけて、私に「出てこい」っていうの。

秋吉　親のことで責められるのは理不尽ですね。和解はできたのでしょうか？

下重　家までやってきたものだから、母がその子と話をしたの。「どうしてそんなに怒っているの？」って率直に聞いたんですよ。するとね――その子のご家族はもともと朝鮮半島に暮らしていて、徴用で無理やり本土に連れてこられたんだ、っていったそうです。私の父が軍人のお偉いさんだったと知り、娘である私も同じ穴の狢《むじな》だと思った、って。

秋吉　朝鮮をいじめてきた、自分たちを支配してきた側の人間だと。

下重　事実としてそういう面はありましたから、言い逃れはできません。ただ、時間をかけて母と話をしたあと、女の子は私をいじめなくなりました。

秋吉　お母さま、その子を子ども扱いせず、対等にお話をしたのでしょうね。

下重　きっとそうでしょう。わかってもらえたんだと思います。

秋吉　きちんと対話して理解してもらえた。でも、下重さんとの関係性は……。

下重　反抗期の私があれだけ両親に反発したのは、身内だからこそ、血がつながっているからこそ、相手に期待をかけすぎていたと思うんです。それゆえ、腹を立ててケンカしたり、落胆して悲しんだりと忙しい。

今の私は他人にいっさい期待しませんし、見返りも求めません。期待をかけるのは自分だけ。それでずいぶん身軽に生きられるようになった。

秋吉　誰にも期待しない――人生訓ですね。第三者としてお話を聞いている限り、下重さんは素敵なご両親をおもちだったんだなと感じます。ただ、自分の父や母となると理想像も膨らんでしまうし、求めすぎてしまう。

下重　父は戦時中、親しい画家たちの絵を買っていました。軍人でそれなりのポジションに就いていましたから、贅沢はできないまでも収入は少なくなかった。だから、経済的に苦しい状況に置かれていた画家のかたがたを援助していたようなんです。

秋吉　〝同志〟たちを見捨てておけなかった。

下重　戦後に公職追放になってからというもの、我が家が経済的に苦しくなり、今度は画家の人たちが手を差し伸べてくれました。私の学費まで助けてくれたかたもいます。

秋吉　お父さまの人徳もあったでしょう。

下重　そういうところもあったのでしょうか……。とにかく心の細やかな人でした。

ねじれ現象

秋吉　戦争を体験した日本人、とくに男性たちは、大きな矛盾のようなものをずっと抱え続けていたのでしょうね。

下重　秋吉さんのお父さまも？

秋吉　大正生まれの父は戦後、「これからは民主主義の時代だ」といって、失った青春を取り戻そうと必死でした。自由の国・アメリカに憧れ、アメリカの人のようにフランクに振る舞おうとするんだけど、彼自身が追いつかない。当然です、いやというほど家父長制、軍国主義を叩きこまれて育ったのですから。

家庭でも、物わかりのいいマイホームパパを演じようと頑張っていましたが、どうしても矛盾が生じます。私も読書が好きな、早熟な子どもでしたから、そういう姿をみるとがっかりする。

「それって違うんじゃない？　なぜなら……」

いちいち正論をぶつけては、父の面目をつぶしました。今思うとかわいそうだった。人一倍繊細でしたから、かなり傷ついていたはずです。

下重　とてもよくわかります、私も父をさんざんやっつけましたから。父は父で、案外タフでしたけれどね。

秋吉　私が中学生だった頃。何を思ったのか、父がこんな宣言をしました。

「久美子、お父さんは今日からおまえを〝君〟と呼ぶ」

下重　突然、どうしたの？

秋吉　びっくりしますよね。おそらく、それがリベラルでかっこよく思えたのでしょう。

当の久美子は冷めた目でこう切り返します。

「それでは、私は今日からお父さんを〝あなた〟と呼んでいいのですね？」

父はカンカンになって怒鳴りました。

「おまえ、親に向かってなんということをいうんだ！」

もう、コントみたいでしょう？（笑）

下重　お父さまは大真面目だったでしょう。

秋吉　もちろん。そして私も、当時は大真面目。反抗期を迎えていましたからね。こんな二人が上手くやっていけるはずもなく、思春期の頃には火花を散らすような対立がありました。妹が「うちには男の人が二人いるみたい」というくらい。

下重　あなたは少年っぽいところがあるから。一歩も譲らなかったのでしょうね。

秋吉　下重さんのお父さまとお兄さまの関係性に近かったと思います。次第にお互いが注意して、なるべく近づかないようになりました。野生動物が争いを避けて目を合わせないのと似ています。仕方なく話す時は、敬語を使う。

東京から実家に電話をかけて父が出ると、すかさず「お母さんに代わってください」と伝えて、まともに会話を交わそうとしませんでした。

下重　お父さまは、公務員だったとおっしゃいましたね。

秋吉　ええ。若い頃、高校の教師をしていた期間もありましたが、のちに水産試験場へと職場を変えました。北海道大学出身の理系なのですが、心は根っからの文系。太宰治や芥川龍之介に憧れて、よく「俺は小説家になりたかった」といっていましたね。面白いのがね、憧れたのは菊池寛や井伏鱒二じゃないんですよ。父らしく、「カッコよさ」が大事。

下重　形から入るタイプね。実際に小説を書いていたの？

秋吉　そうですね――仕事をリタイアしてからも、ワープロに向かって何やら必死にタイピングしていました。実際、季刊誌や地方誌にエッセイや研究に関する原稿は書いていて、それが掲載されると感想を求めるんですよ。もちろん、私は率直な意見をいいます。「言い回しが古いかも」「一つの段落がちょっと長すぎる」というふうに。父は露骨に不機嫌になりました。私が大人になってからの話です。

下重　お父さまのキャラクターには、どこか純粋さを感じます。

秋吉　非常にピュアな人でした。年中、身体のあちこちの具合が悪いといい、精神面でも脆く傷つきやすかった父が、一家のあるじとして私たちを食べさせていくのは相当な苦労があったと思います。「守られていた」のは母ではなく父のほうだったのかな、という気がしますね。

父が残した春画

下重　うちの両親が亡くなってしばらく経ったあとで、仰天したことがあったの。春画が山ほど見つかったんです。和紙に描かれた絵が、黒いビニール袋の中にたくさん。

秋吉　お父さまが描かれた作品ですね。

下重　江戸時代の作品を模写したものでした。露骨な男女の姿がありありと描かれているわけですが、私としてはどう処分したらいいかわからないし、「これを父が描いた」と思うと恥ずかしいし。まだ50代だったから、とにかくショックでした。

秋吉　女性にとって、娘にとってはショッキングかも。今見つけたのなら、笑い種ですけどね。

下重　本当ね、歳を重ねた今だったら笑い飛ばせたでしょうに……。でも、その時は本当にびっくりしたし、「こんなの、誰かにみられたらどうしよう」って慌ててしまって。振り返ると、父が絵を描いている時、絶対に私を部屋に入れないことがありました。おそらく、そういう時に描いていたのでしょう。

秋吉　その絵は、どうされたんですか。

下重　ゴミの集積場に捨てにいきました。

秋吉　まあ、もったいない！

下重　でもね、途中で考え直したんですよ。これは父の形見だ、と自分に言い聞かせた。

父は私たち家族を食べさせるために春画を描いていたわけですね。

秋吉　終戦後に。

下重　そうそう。本来は油絵ばかり描いていましたが、生活の足しになるならとチャレンジしたのでしょう。だから「これはやっぱり、残しておかなくては」と思って、その中から5枚くらい必死に選びました。

秋吉　おろおろしながらも、真剣な眼差しでお父さまの春画をセレクトする下重さん、そのお姿を想像するとなんとも……。

下重　可笑しいわよね。とにかく大量にありましたからね。お手伝いさんが掃除中に見つけたら腰を抜かしちゃう。今でも形見としてとってあります。

その春画をみて改めてわかりましたけれど、父はなかなか模写が上手かった。ピエール＝オーギュスト・ルノワールの作品の模写もみたことがありますが、自分の父親ながら見事でした。本格的な贋作を描いたら、けっこう稼げたかもしれない（笑）。

秋吉　私の知る限り、模写が得意なのは論理的思考をもった人。そんなお父さまの血を引いているからこそ、下重さんはロジカルなのかも。ほかにもいろいろ描かれたのですか。

下重　鮮明に覚えているのは、母をモデルにヌードを描いていたこと。10代の頃、ドアの隙間から父のアトリエの奥がみえてしまい、ドキッとしました。真剣な目をした父がイーゼルに向かってデッサンの筆を走らせている。一方、母は「裸のマハ」のようなポーズをとって、モデル役を務めていました。みてはならぬものをみてしまった気がして、私はそーっと足音を忍ばせて遠ざかりました。

秋吉　デッサンに求められるのは、視界に入る景色や状況を細やかにキャッチする能力だといいます。感じやすいアーティスト気質だったお父さまは、日本の憂き目を目の当たりにされて、どんなにダメージを受けたことでしょう。

下重　秋吉さんのいうとおりかもしれません。その苦しみに気づいていながら、私は反抗するばかりで、父の発言や振る舞い、働き方までいっさいを認めることがありませんでしたから。

　私が中学生くらいの頃だったでしょうか。父は脚を悪くして、杖をついて歩いていたんです。そんな父が向こうから歩いてくると、顔を合わせるのが嫌で、さっと横道に身を隠しました。顔を合わせたら、何か話さなくちゃいけないから。それほどまでに毛嫌いしていた理由が、自分でもよくわからないほどです。

秋吉　一人の人間が成長しようという時、父親という名の「社会」と対峙し、それを乗り越えるのだそうです。それが思春期であり、反抗期。

でも、やっぱり戦後の日本の男性たちは気の毒でしたね。宿命から逃れることができなかった。

下重　本当にそうね。一方、戦時中に子どもたちを食べさせ、その手を引いて必死に空襲から逃げ回っていたのは女たちです。大半の男たちはみんな兵隊にとられて本土には残っていなかったですから。

秋吉　子どもたちの空腹を満たしてやり、戦火から逃げ回る――最も切実なミッションだったでしょう。それこそ、なりふり構っていられない。

下重　うちのつれあいのお母さん、つまり義理の母はよく戦争体験を話してくれたのですが、疎開先で空襲に遭うたび、5人の子どもを連れて逃げ回ったそうです。

秋吉　5人も……。まだちっちゃい子もいたでしょう?

下重　それがね、一人を抱っこして一人をおんぶして、もう一人の手を引いて。年長の子たちには声をかけながらなんとか自力で走らせて、それはもう無我夢中だったそうです。ようやく避難した防空壕にまた焼夷弾が落っこちて、さらにそこから逃げて……。

秋吉　現代でも「名もなき家事」といって、家庭での日々の働きは軽視される傾向がありますが、とんでもない。女性の底力には敬服するばかりです。

下重　さっきもお話ししたように、敗戦直後の苦しい時期に食糧を家に持ち帰ってくれたのは母でした。あの時代は、女が家庭や社会を支えていたんです。

100通のラブレター

下重　亡くなってずいぶん経ってからですが、母が父に宛てて書いたラブレターが出てきたんですよ。なんと、100通も。

秋吉　100通とはすごい。大切に残していらした。

下重　実はうちの両親は再婚同士だったんです。当時としては珍しかった。父は前の妻に去られ、母は前の夫を結核で亡くしました。父との間に生まれた唯一の実子である私まで結核を患って、母はどんなにショックを受けたことかと思います。

秋吉　それはもう、総力を挙げて大事になさるでしょう。

下重　若い頃の母が写っている写真は、隣にいる人物の姿が決まって切り取られていました。「誰が写っていたの？」と尋ねると、自死した友人だというのですが、母の肩にかけられた手はどうみても男性のもの。

秋吉　それは、結核で亡くなった前の旦那さんだった？

下重　確証はないけれどそんな気がしますね。前の夫の生家は新潟の大地主だったらしいのですが、それは偶然に知ったことで、母にあれこれ聞くことはなかった。たとえ相手が身内でも、個人のプライバシーを詮索するのは嫌だったから。

秋吉　お兄さまは、お母さまが違うきょうだいだったのですね。

下重　兄は父と前妻との間に生まれた子でした。でも、私も兄もそんなことは知らずに育ったの。兄が大学に入るタイミングで、取り寄せた戸籍をみて初めてわかった。

秋吉　びっくりされたでしょう。

下重　青天の霹靂。でも、母は偏りない愛情を注いで育ててくれましたから、その事実を知って何かが変わることはありませんでしたね。兄は「あなたしか僕の母はいません」と告げたほどです。

秋吉　お母さま、それを聞いてどんなに嬉しかったことか……。お父さまへの100通のラブレターは、おつきあいをしていた頃のもの？

下重　はい。2年間、一度も会うことなく、手紙だけで交流していました。何故かというと、軍人だった父は、当時は日本の統治下にあった遼寧省大連市の旅順にいたのです。母は雪深い新潟の地から、海の向こうの父に宛てて手紙をしたためていました。それはもうロマンチックに。

前妻と別れる際、父はかなりの額の慰謝料を渡したようなのですが、そのことに触れて母はこうつづっています。

「出来ることなら自分の身を売っても、先方への意地を見せておあげしたい位」

秋吉　おお、情熱的ですね。

下重　絵描きに憧れる文学少女の恋文です。何通目のやりとりだったか、とても早い時期に母は「あなたの雅子」と書き、「私の龍雄様」と結んでいます。「龍雄」とは、いうまでもありませんが父の名です。

秋吉　お互いが離れた場所にいて会うことができない分、思いがより深くなったのかもしれませんね。どちらも芸術家肌だから、どんどん気持ちが高まっていく。

下重　写真でしか相手の顔をみたことがない状態だというのに、もう、娘の私が恥ずかしくなるような文面で。付き合っている頃、父が母を「マーちゃん」と呼んでいたらしいことも手紙からわかりました。雅子だからマーちゃん。結婚して一緒になったあと、私や兄の前では「雅子」と呼んでいましたが。

秋吉　お父さまが書いた手紙は見つかっていないんですか？

下重　見つかったのは3、4通だけでした。几帳面な性格の父のこと、返事を出していなかったとは考えにくい。でも、それしか見つかっていないんです。見つからないほうがよかったのかも。

秋吉　お二人はやっぱり恋をしていたんですね。

下重　なにしろ100通ですから、母のほうは間違いなく恋に落ちていたと思います。雪国の女の鬱屈した情熱はおそろしい……新潟でもいちばん雪が深い地域の出身ですしね。

秋吉　お父さまの側も、深く恋していらしたのでしょう。「マーちゃん」って呼びかける時、軍人ではなく絵描きの心になっていたんじゃないかしら。

下重　そうかもしれないですね。会ったこともないのにね。

秋吉　会わなくたって恋するには十分。だって、誰もイエス・キリストに対面していないのに、全世界のクリスチャンは彼に恋していますから。

下重　母の手紙を読んだ時、自分自身の恋愛がよみがえったの。

秋吉　お相手は京大へ進んだボーイフレンドではなく？

下重　もちろんその彼ではなくて、大学3年生の時に出会った相手です。初対面で運命的なものを感じましたが、その数年後にNHKの仕事で思いがけず再会して……。後先考えずに純粋に愛した男の人で、一生に一度の恋だったと今でも思っています。10年が過ぎ、やがて別れてそれぞれの道を歩みました。

当時はお互い仕事で多忙を極めていましたが、あまりに惚れていたために、私はありのままの気持ちをぶつけることができていなかったのかもしれません。母のように情熱に身を任せていたら、別の人生もあったのかも。

秋吉　今でも、そのかたのことは思い出しますか。

下重　忘れることはありません。夢でも姿をみます。途中で目覚め、夢の続きがみたいと念じてまぶたを閉じることもあります。

秋吉　やっぱり、下重さんもご両親ゆずりの熱情をおもちですよね。

結核病棟の恋

秋吉　父に反抗していた私は、母にこんな質問をしたことがあります。「どうしてあんな人と結婚したの？　ハンサムだったから？」

下重　それは単刀直入に……。それで、お母さまのお返事は？

秋吉　ちょっと照れたような顔をして「ふふ」って笑うの。

下重　可愛らしいですね。

秋吉　実際、非常にハンサムではありました。身長もありましたし。それが、父が亡くなったあとで告白したんです。

「お父さんと一緒にいることで、いろいろ学べると思ったから」

この人賢いな、って圧倒されました。「ハンサムだったから」なんて示唆しておきながら、本当は彼女自身がもっと学びたかった。自己不全感を埋めてくれるかも、と思わせた相手が、10歳近く年上で大学出、学者肌で理屈っぽい父だったのでしょう。母は小さな村を出て外の世界をみたかったんだと思います。結婚当時、まだ19歳でした。

下重　若くして結婚なさったのね。お母さまは、ハンサムなお父さまとどのように知り合ったの？

秋吉　母は看護師学校を出て看護師になったことはお話ししましたよね。その母が勤務する病院に父が入院したんです。結核で。

下重　結核を患っておられた。先ほどもおっしゃっていましたね。

秋吉　父は3年も療養していて、肺は一つしか残っていませんでした。

下重　看護師さん、患者さんとしての出会い。ドラマチックですよね。

秋吉　母は、本当は別の患者さんを想っていたらしいのです。父よりももっとハンサムでもっと優しくて、看護師さんたちのアイドルだったけれど、そのかたはあっという間に亡くなってしまった。この世を去って3日後、母のもとに、その男性から手紙が届いたそうです。便箋には「あなたのことが好きでした」としたためられていた……。

それが、母が胸の奥にずっとしまいこんでいる秘密でした。乙女なんですよ。その後、またもや結核病棟で父・英也《ひでや》と出会いました。

下重　お母さまにとっては、ずっと忘れることのできない出来事だったでしょうね。

秋吉　結婚後、父の健康にはかなり気を遣っていました。健康にいいだろうということで、毎日せっせと玄米を炊いて、私のお弁当も玄米。時間が経つと、玄米ってモソモソしてあんまり美味しくないんですけどね。おやつまで自家製の玄米キャンディー。

下重　徹底していますね。

秋吉　ちょっとした健康オタク、「元祖ロハス」ともいうべき存在だったんです。「家庭の医学」や「主婦の友」なんかを読んで、「玄米は身体にいい」ということで影響を受けたのだと思うんですけど、父はお腹が弱かったんですよ。玄米って食物繊維が豊富で消化に時間がかかるから、母の献身は裏目に出ていたんじゃないかという気がしないでもありませんが……。

下重　「愛情は目にみえないごちそう」といいますからね。
　私も母に聞いたことがあるんですよ。思春期の頃、秋吉さんと同じように。

秋吉　なんであの人と結婚したの、って？

下重　そう。どうにも不可思議だった。戦後はずいぶん苦労しましたしね。母は新潟の地主の娘でしたから、父と一緒にならなければ地元で豊かに暮らせたはずなんです。終戦後の食べ物のまったくない時期ですら、食べるに困らなかったはず。

秋吉　それで、お母さまはなんと？

下重　「軍人は嫌いだったけれど、絵を描く人だったから……」って。

秋吉　絵を描く人という表現、健気ですね。お母さまとしては、自分だけはそこを理解して擁護してあげなければ、世界中に誰もお父さまの本質をわかってくれる人はいないんだっていう思いがあったんじゃないかな。

下重　おっしゃるとおりだと思いますね。そんな母の真意をわかってあげられなくて、私は彼女のことも責めてばかりでした。

秋吉　娘の下重さんに本音を打ち明けるのは、不本意だったのかな。

下重　嫌だったのでしょうね、何もいいませんでした。いろいろわかるまでに、どうしてこんなに時間がかかっちゃったのかしら……。そう思う一方で、それもひとりの人間の成長の過程なのだろうとは感じます。

軍歌は「青春」だった

秋吉　リアルな戦争を体験したうちの父の世代は、個人よりも大衆、人としての正しさよりも国益やイデオロギーを重んじる価値観を植え付けられ、実際に戦争が勃発したことで、容赦なく心身が痛めつけられた。そのうえ日本の敗戦とともに、それまで信じて心のよすがにしてきたものが「全部ウソだった」ことにされてしまうのですね。つまり、戦後復興期においてはこれでもか、というくらいに自尊心を打ち砕かれた。

下重　うちの父も、まさにそのタイプです。とても平気ではいられないですよ。国や社会のスタンダードが変わると、自分自身も変わらなくては生きていけません。心がきれいな、純粋な人ほど苦しみが大きかったでしょう。

秋吉　お酒が飲めなかった父は、お酒を飲む人のようによく歌を歌っていました。軍歌です。「同期の桜」や「ラバウル小唄」が多かったかな。ラバウルに行ったこともないのに「これが俺の青春だった」って。いつも聞かされていたせいか、私もいつの間にか軍歌を歌えるようになっていました。

下重　うちの父は、それこそ部下がいっぱいいたものだから、お正月になるとみんなうちに集まってきた。宴会をやるんです。そこで歌われるのは決まって軍歌でした。だから秋吉さんと同じで、私も軍歌はほとんど歌えるんです。不本意だけどね。

秋吉　父はよく特攻の話をしていましたが、出征していません。北海道大学の水産科で学んでいたので、なかなか徴兵されなかったんです。魚や魚介類を加工食品にしたり、缶詰にして長期保存できるようにしたり……と当時、政府が力を入れていた分野だったのでしょう。終戦直前にいよいよ召集されましたが、曰く、特攻隊に入る1週間前に終戦を迎えたそう。

下重　九死に一生を得た。

秋吉　ところが、出撃できなかったことを無念に思っていた節もあるんです。

下重　そういう人はたくさんいますね。

秋吉　命を失わずほっとする一方、自分だけ死に後れたという葛藤も抱えていた。だいぶ歳をとってからも、お風呂に浸かりながらよく歌っていましたよ。お風呂場って声が反響して、なんだか歌が上手に聴こえますものね。

下重　軍歌って、威勢よく聴こえる曲でもどこかもの悲しさを秘めていますね。いい歌がたくさんあって哀愁を感じます。「戦友」という有名な曲、ありますでしょ。

「ここは御国を何百里　離れて遠き満州の
　赤い夕日に照らされて　友は野末の石の下」

しみじみといい歌詞なんですよ。それでも、やはり軍人は好きになれませんでしたし、そういう職業に就いていた父への思いも変わりません。

大きな駄々っ子

秋吉　挫折、むなしさ、自己矛盾……みんなやるせない思いを抱えながら生きていたのでしょう。父はよく駄々っ子のように癇癪を起こしていました。一番古い記憶では、4歳の時にその姿を目撃しています。

下重　よく覚えているわね。

秋吉　どうも私は、自分が2歳くらいの頃から記憶があるんです。4歳のあの時、くわしい背景まではさすがに覚えていませんが、あきらかに理不尽な理由で父がわめきだしました。すると、母がきっぱりいったんです。

「私、郷に帰らせていただきます」

それから、黙って身の回りのものを旅行カバンに詰めはじめました。私は「ここで子どもらしさを出しちゃいけない」と思いました。

下重　子どもらしさ、というのは？

秋吉「お母さん、出ていかないで！」って母の足にしがみつくことです。私は4歳にして、「この場面では、父にお灸を据えてやらなくちゃならない」と思いました。1週間、いや最低でも2週間は父を困らせ、反省を促さなければ。つまり、「お母さんを家出させなくちゃいけないんだ」と悟ったわけですね。それで、ちょこんと母の隣に座って荷づくりを手伝いました。たぶんあの時です、私たちの間に友情が生まれたのは。

下重　深い洞察力です。ここで、秋吉さんのおっしゃる「友情」とは。

秋吉　相互理解でしょうね。相手の気持ちがわかるからこそ、それを尊重してあげなくては、というチームメイトのような感覚をもちました。

下重　お父さまが豹変するのは、胸の奥に溜め込んでいた何かがあったのでしょうね。私の父も同じでした。

秋吉　父は福島で水産関係の職場で水質調査をしていたんですけれど、かつて福島南部の沿岸部は工業地帯でした。化学薬品を扱う工場がいくつもあって排水が出ていたので、海辺の水質調査を実施してお上にレポートして。でも、どこかで「折り合い」を付けなくてはならなかった。

下重　一人の役人の立場で、企業の経済活動に制限をかけるのはほぼ不可能ですね。

秋吉　おっしゃるとおりです。最終的には国の判断に従うしかありません。そういうことが続くと、我慢の限界にも達しますよね。

「人間の文明がある限り、ダメなんだ」

そんな突拍子のないことを言い出したこともあります。

下重　苦しんでおられたのね。そんなお父さまを、お母さまが支えた。

秋吉 そうですね、心身ともにタフではありませんでしたから……。

父は母を愛していたと思います。母の写真をよく撮っていましたし、出張土産といってブローチやペンダントを贈ることもありました。それでいて、些細な理由で突発的に怒りを爆発させる。ただ、相手に向ける刃のような厳しさを自分にも向けていたかというと、とてもそんなふうには思えず、父の「甘えの構造」を見透かして私は心底うんざりしていました。だって、それが自分の父親だなんてがっかりしちゃう。

下重 あの頃は「男だから」みたいな建て前がありましたね。男だから強くなくてはいけない、威厳を保たなければいけない、生活費を稼がなくてはいけない——。お父さまはそれに疲れ果ててしまっていたのかもしれません。

うちの父だって、家族の前では「マーちゃん」だなんて、死んでも呼ばない（笑）。女に優しい顔なんてみせられないわけです。ひょっとすると、子どものみていないところではいろいろ甘い面もあったかもしれませんが。

秋吉 子どもは、親のほんの一部しか知らないわけですよね。

下重 そうでしょうね。とくに子どもの父と母ではなく、男女として向き合っている時の姿なんて知るよしもありません。お父さまが駄々をこねると、お母さまはどんなふうに対応していたの？

秋吉　大概は何もいいません。喧嘩になるだけですから。母の胸の内には、揺るぎない意思があるんです。でも、自分の思いよりも家庭の平和を優先させました。正しさを貫くことが正義というわけではありませんから。

下重　気丈ですね。それこそ、「家刀自《いえとじ》」として立派に振る舞われた。

塩にまみれたホッケの尻尾

秋吉　少しは擁護もしてあげなくちゃと思うのですが、父は病気がちだっただけではなく複雑な家庭環境で育ったんです。母親の愛情を知らずに大きくなりました。5歳の時に母親と離れ離れになったんです。

父の母、私のおばあちゃんにあたる人は秋田出身のお嬢さまで、北海道で歯科医をしていた祖父のもとに嫁ぎました。ところが、秋田の実家のお母さん——私の曾祖母が北海道を訪ねたところ、娘の身体がアザだらけであることに気づきます。祖母は、祖父から暴力を振るわれていたのです。

下重　今でいうＤＶですね。

秋吉　曾祖母は烈火のごとく怒って、有無をいわさず娘を実家に連れ帰りました。その時、４人いた子どものうち、末っ子だったうちの父だけ秋田に連れていかれたそうです。でも、１年も経たないうちに北海道に連れ戻された。「女のおまえが、息子にまともな教育を与えられるのか」と詰め寄られた祖母は、泣く泣く父を手放しました。その後、祖父は10代の女性と再婚します。

下重　そんなことが……。お義母さまとの関係はよくなかったのでしょうか。

秋吉　かわいがってもらえなかったようです。たとえば、義母が用意してくれたお弁当のふたを開けると、たった一つ、塩にまみれたホッケの尻尾がご飯の上に載っていた。父と血のつながった上のきょうだいたちも同じお弁当をもたされました。ところが、義母の実子のお弁当には、卵焼きをはじめおかずが賑やかに詰めてあったと……。

下重　「シンデレラ」みたいですね。

秋吉　まるで物語を聞かされているかのようでした。

昔の二高――今の東北大学の入学試験では作文の課題が出たそうなのですが、よりにもよってテーマは「軍国の母」。途端に固まってしまった父は、1行も書けなかったといいます。

下重　実のお母さまと過ごした記憶が残っていなかった。本当にかわいそうです。

秋吉　でもね。父は小説家志望だったのですから、壁を乗り越えなくてはいけなかった。フィクションでもいいから書くべきでした。そう考えると、もの書きになる資質には恵まれていなかったのでしょう。

下重　辛辣ですねえ……。お互い様だけれど。

秋吉　身内のこととなると、余計に。

愛のない家庭環境に先の戦争、結核との闘いというトリプルパンチに見舞われて、父は大人になりきれていなかったのかな。自分が書いた原稿を私にみせるのも、一種の愛着障害だったのかもしれません。子どもの頃、母親に褒めてもらえなかったからこそ、いつまでも「自分をみて！　褒めて！」という承認欲求が強かったのでしょう。それゆえに、うちの母の前でひっくり返って駄々をこね続けた。

「おまえが看取れ」

下重　ホッケの尻尾のお弁当はさぞかしショックだったでしょう。義理のお母さんとはいえ、そこまであからさまに差別されるなんて。

秋吉　それがね……父はその一件で「感動した」っていうんです。

下重　皮肉ではなくて？

秋吉　そう思うでしょう？　それがまったく違うんです。義母のことをずっと冷血きわまる女性だと思っていたけれど、「ちゃんと愛情を注げる人だったんだ」と、異母きょうだいの卵焼きをみて驚嘆するとともに嬉しくなったって。

下重　本当に？　そんな感じ方ができる人は少ないでしょう。心がきれいなかたです。

秋吉　私もびっくりしましたが、どうやらそうみたいなんです。お坊ちゃん育ちというのもあるのでしょうが、ひねくれたものの感じ方をしない人でした。誰かを恨む、という感情ももたない。

下重　実は愛に溢れていた、と気づいた。

秋吉　はい。亡くなる前、それがよくわかった。さんざん反発してきた私がいうのも変かもしれないけれど、立派な亡くなり方をしたんですよ。死の数日前にあきらかに様子が変わりました。

下重　最後まで成長なさったのね。

秋吉　そうなんです。別人のようになった父を前に、人間は命ある限り成長できるものなんだなと教えられました。

下重　ご自身の死を悟り、それを受容なさったのかもしれませんね。

秋吉　末期がんで、死の10カ月くらい前には余命宣告を受けていました。人一倍繊細な父のことです、それからしばらくの間はひどく荒れていました。

下重　気丈な人でも相当しんどいですよ。

秋吉　本当にそうですよね。父なりによく耐えたと思います。最後は自宅療養していたのですが、いよいよ身体が弱ってきたことが自分でもわかったのでしょう、仕事先から駆け付け襖の横に立つ私を見上げると、

「帰ってきたか」

「おまえが看取れ」

はっきりとした声が今でも耳に残っています。これまでお話ししてきたように、思春期に反発していらい、私たち父娘の関係は根っこの部分で何一つ解決していないわけです。意識的に互いの距離を詰めないことで、衝突を避け続けてきた。

下重　看取れといわれて、秋吉さんは承知したのですね。

秋吉　はい。

「わかりました」

それだけ、きっぱりと答えました。あの時、心から父を立派だと思えたんです。長年よそよそしかった娘を呼んで一言、「おまえが看取れ」。

下重　お父さまの覚悟を感じますね。あれこれ弁解することはなかった。

秋吉　ああ、この人は子ども時代からのコンプレックスをはじめ紆余曲折があったけれど、まっすぐ私と向き合っている――そう思えたのです。

「看取れ」

「わかりました」

下重　このやりとりだけでお互いを信じあうことができた。
心が通じたのね。

最大のプレゼント

秋吉　戦後イデオロギーの転換も父の自己矛盾も何も関係なく、一対一で向き合うことができたと感じました。父のがんが発覚してからというもの、闘病生活ではいろいろごたつくこともありましたので、私が詫びたんです。

下重　その場ですぐに？

秋吉　はい。するとね……。

「許すも許さないもない」

「久美子、愛だよ。人間は愛なんだ」

そういったの。

この人は宗教家になれたんじゃないかしら、というくらい澄んだ目をしていました。

前日まではそんなことなかったんです。近所に住む父のお姉さん——私の伯母がすごくマイペースな人で、父が危篤状態になったので呼びに行ったのですが、玄関からなかなか出てこない。どうしたのかなあと思って待っていると――。

「いまゴハン食べているから、ちょっと待ってて」

それだけじゃありません。ようやくわが家に到着したと思ったら、息も絶え絶えの父に向かって、「ちょっと聞いてよ、英也さん。さっきねえ、駅員さんがこんなことというのよ、まったく年寄り相手にひどいでしょう?」ってマシンガントークを始めるんです。

下重　なんだか喜劇のようだけれど、伯母さまも気が動転なさっていたのでしょう。

秋吉　それもあったでしょうが、もともとそんな感じの人なんですよ。その時、一時的に持ち直した父は、伯母が帰宅したあと、

「人が死ぬという時に、あんな身勝手なお喋りってあるんだろうか」

深いため息とともに、げんなりした様子でつぶやきました。

下重　疲れたのでしょう。お喋りを聞くのって、エネルギーがいりますからね。

秋吉　その数日後、父の具合は目にみえて悪くなり、ふたたび危篤状態になりました。するとやはり「姉さんを呼んでくれ」って、消え入るような声でいうのです。仕方がな

いので彼女を呼んでくると、またもや悪夢が繰り返され……。

下重　伯母さまのお喋りが始まった？

秋吉　そうなの。ゼンマイ仕掛けのお人形みたいに、「ねえ、ちょっと聞いてよ」って。そうしたら、ひとしきり喋らせたあと、父がしっかりした口調でいったのです。

「姉さん、来てくれてありがとう」

さすがの伯母も黙ってしまいました。愛が通じたんだと思います。

下重　やはり感じるものがあったんでしょうね。伯母さまは、弟の最期に立ち会うことが怖くて、「日常」を続けようと必死だったのかもしれませんよ。

秋吉　私は正直、やれやれと思いましたね。そこまで理解してあげようと思えなかった。

下重　そうですね。亡くなる人の前ですから。

秋吉　本人の気持ちを穏やかにすることが、残された者の役割だと思うんです。

下重　秋吉さんのいうとおりだと思いますよ。でも、伯母さまはやっぱり怖かったのでしょうね。

秋吉　彼女なりの愛情表現だったのかな。雲の上の本人たちに聞かないことにはわかりませんが、きょうだいで心を通わせたかったのかもしれません。

下重　そうでなければ、お父さまも「呼んでくれ」とはいわなかったはず。

秋吉　父が「姉さん、来てくれてありがとう」っていった時、この人は自分の及ばない場所まで行ってしまったと感じました。

下重　彼岸へ向かってしまった。

秋吉　はい。彼岸へ行きましたね、間違いなく。彼岸って素晴らしいなあって思えた。

下重　私も素晴らしいものだと信じたいです。

秋吉　敗戦とともにあった青春。混乱した時代に生きた、混乱した日本男児による焦りやカッコつけ。理想の社会を夢みて張り切ったものの、冷めた目をした実娘に睨《ね》めつけられた自己嫌悪……と、いろんなものを嫌というほどデモンストレーションしてきた父が、こんな域まで到達できるなんて、と。

下重　お父さまの態度はせめてもの希望だったわけですね。

秋吉　はい。最大のプレゼントを遺してくれたと感じています。

初恋の人

下重　私の父は、老人性の結核を患って長いあいだ清瀬の療養所にいました。当時、東京の清瀬には結核の療養所が集まっていたんです。

私と父の間に感情の行き来はほとんどなくて、亡くなる直前にようやく会いにいきました。母はずっと付き添って父の世話を焼いていましたが、私に気を遣っていたのでしょう。

秋吉　娘を呼ぶと、喧嘩になるから?

下重　どうでしょう。きっと仕事を理由に訪ねてこないだろう、って思ったのかな。実際にとても忙しくしていましたからね。

病室に足を踏み入れると、雑誌から切り抜いたインタビューの記事と、新聞に載った私の写真が父の枕元にピンで留めてありました。

秋吉　仕事で活躍する娘が誇りだったのでしょう。そして、無邪気に喜んでいたんじゃないでしょうか。

下重　その時、私はね——それがすごく恥ずかしくて、嫌でたまらなかったの。お父さん、なんでこんなことするのよ、って叫び出したいくらいだった。
ベッドの近くには父が書きつけた俳句も貼ってありましたが、私について詠んだとしか思えない句も混ざっていて、「もう、やめてよ」って、居たたまれなくなりました。
秋吉 少女時代から続くわだかまりがとけていなかったんですね。
下重 それまで、ろくにお見舞いにも行かなかったの。
秋吉 気まずかった?
下重 父は10年くらい療養所にいて、亡くなった時には私自身も40歳を過ぎていましたが、父と二人きりになった時に何を話せばいいのか、まったく想像できませんでした。すでにお話ししましたが、父はぜんぶで三度の〝迎合〟をしています。
秋吉 ご両親の期待に沿って画家の道を諦め、職業軍人になった。日本の敗戦とともにしゅんとして、それまでの矜持を手放した。それから――。
下重 公職追放が解けたら昔の軍人仲間とまたつきあうようになって、日本の保守化と歩調を合わせるように、過去の価値観に戻っていった。これがいちばんこたえましたね。「お父さん、〝あの戦争は間違っていた〟っていってたじゃない、それなら貫いてよ」

そんな思いで胸が張り裂けそうでした。

秋吉　それで清瀬の療養所には近づかなかった。いえ、近づくことができなかったんですね。

下重　父が生きていた頃、主治医から長い長い手紙が送られてきたことがあるんです。「テレビで話しているあなたはいつもにこやかで優しそうなのに、一度たりともお父さんのお見舞いに来ない。なんと嘆かわしいことか」

娘の私をはっきりと非難する内容でした。腹が立ったし、とても悲しくなりました。父を気の毒に思い、意を決して筆をとったのかもしれない。でも、私たちの関係性なんて何一つ知らないその人から、そんなお叱りを受けるのはやるせなかった。「そんな無神経なドクターがいるところには死んでも行くものか」ってますます頑なになったんです。

秋吉　私、これまでお話を聞いてきて、ようやくわかりました。下重さんは悲しかったんですね。お父さまとの関係は、反抗や軽蔑ではなくて、「私を落胆させないでほしい」という思いに満ちていた。

下重　やっぱりね、父のことは好きだったんだと思うの。

秋吉　惚れ抜いていた〝初恋の人〟なんだから、がっかりさせないでくれ——が本心だった？

下重　鋭いですね。

秋吉　かのマザー・テレサは「愛の対極にあるのは、憎しみではなく無関心」といっています。確かに、好きじゃなければ気にも掛けませんよね。反対に、愛があるからこそ期待してしまう。期待が裏切られれば負の感情を抱いてしまう。

下重　むずがゆいですが、そうなんだと思いますよ。私が優しい顔をみせなかったのは、父の弱さを直視したくなかったからです。つまり、自分の内にもあるはずの「同じ弱さ」を突きつけられるようで、目を背けずにはいられなかった。

秋吉　関係性が近い相手にはどうしても期待をかけてしまいます。血のつながりがあれば、なおさら……。先ほどもおっしゃっていましたね。

下重　父が死んでずっと経ってから、パリのピカソ美術館を訪れた時など「ここに連れてきてあげたら、さぞ喜んだだろうなあ」としみじみ感じたことがあります。生前はそんなこと、思いもしなかったのにね。

秋吉　ようやく青春が終わったんですね。

下重　本当にそう思いますよ。ずいぶん長いこと引きずってしまった、青春ですね。

第四章　人生はひらり、ひらりと

受け容れる力

下重　私は優しい娘ではなかった。今更ながらに思います。その一方で、母は思いやりにあふれ、まわりの人を受け容れる度量のある女性でした。長いこと、似ても似つかない母娘だと思って生きてきたのですが、歳をとってから、

「近頃、お母さんに似てきたわね」

そういわれることが増えてきたんです。

秋吉　下重さんはとってもおおらかだと感じますよ、人を受け容れるという意味で。そうでなければ今回の対談はとても成立しなかったのでは。

下重　そう思ってくださってよかった。もともとは拒絶する人間だったんです。父母と

の関係性、恋人とのつきあい方にも表れていたけれど、ずっと相手を突き放すようにして生きてきた自覚がある。

秋吉　好き嫌いが激しいとか、わがままとは違うと思います。ある程度は拒絶しなければ、収拾がつかなくなりますからね。我が道を突き進めないですし、自分に課せられたミッションを果たすこともできなくなってしまう。

下重　それが不思議なことに、自然と変わってきたの。仕事もきっちりこなしてきたし、いまでも厳しい人間であることに変わりはないんだけど、80歳に近づいた頃から、それまで心身を覆っていた「鎧」が外れてきたように感じるんです。

秋吉　さっきもおっしゃっていましたね。より身軽に、より自由になってきた。

下重　それでとってもラクになったの。「母に似てきた」といわれることも、嫌ではなくなった。

秋吉　むしろ、ちょっぴり嬉しい？

下重　嬉しいというのは憚られるけど、母のいいところを認められるようになったのは本当です。

母の自慢みたいな話はしたくないけれど、頭がよくて度胸のある女性でした。愚痴をこぼすこともなかったしね。もしも社会に出ていたら立派な働きをしていたと思います。買い物していても、決断が早くてね。必要なものをパッと選んで、しかも趣味がいい。母は自分の価値観をしっかりもっていたのですね。

秋吉　娘というのは、そういう部分を意外にしっかりみているものですよね。

下重　隠れファンも多かったんですよ。

「娘は無愛想だけど、お母さんがかわいいから」

そういって、私が不在でもお構いなしに訪ねてくる友人やマスコミ関係の人たちがいたくらい。誰とでもすぐ打ち解けましたし、サービス精神旺盛で、お客さんがあると心からもてなしているのがよくわかりました。

秋吉　お会いしてみたかったな。

下重　だからこそ、大人になってからも反発していたと思うんです。それだけ魅力もあって、自分一人の力でじゅうぶん生きていける資質を秘めているのに、どうして宿木みたいに父にくっついて暮らしているの？　って。

秋吉　お父さまへの愛があったんですよ、「マーちゃん」と呼ばれていたくらいですから。お父さまにとっては、取りつくろわない自分をみせられる唯一の女性だったし、お母さまもその愛に応えた。

下重　そうだとしても、「雅子」として生きてほしかったなあ……。母や妻ではなく、一人の個人として。心が落ち着いている時の父は本当に優しかったけれど、気に入らないことがあるとすぐ手を上げる。母はよく辛抱しているな、私だったらすぐにでも離れるのに——といつも思っていた。

秋吉　それで自立する決意を固めたのですよね。

下重　はい。誰かの手を借りるのではなく一人で生きていく。そういう選択肢だけは失ってはいけない、と自分に言い聞かせたんです。母に対しては内心、「あなたは父のもとを去れないでしょう？　収入も断たれてしまうしね」なんて思いもあった。

秋吉　表面上は、家族という呪縛にとらわれた理不尽な関係にみえたかもしれないけれど、大人の男女の愛だった可能性も……。

下重　そうであったと信じたいです。両親は互いに依存しあっているようにもみえましたが、私はまだ子どもでしたからね。

秋吉　大人でも世の中、わからないことだらけ。

下重　本当に。母は再婚すると決めた頃から、武士の妻のように腹を据えていたようです。なにしろ相手は軍人なので、いつ戦場に行くかわからないし、二度と戻らないかもしれない。お腹の底では、いろいろな感情が織り交ざっていたでしょうね。

欠かさなかった電話

下重　母にとっては「優しくない娘」が当たり前でした。父が亡くなってから10年近くのあいだ一人住まいをしていた母ですが、私がつれあいと暮らすマンションを訪ねてきた時に、

「もう遅いし、泊まっていったら？」

そう勧めても必ず自宅に帰っていきました。私も私でそれ以上の言葉はかけません。母に優しくすることに照れがありましたからね。本当は母のための部屋を用意してあって、いつでも泊まれるようにしていたのですが。

秋吉　お母さま自身の矜持もあったのかな。

下重　一人で寂しい、なんて絶対に口にしませんでした。実際には寂しい思いもしていたでしょうが……。あれはたぶん、母の意地でしょうね。

それから、母は私のつれあいのことをあまり気に入っていなくてね。彼のマイペースなところ、愛想よく振る舞わないところが合わなかったみたい。「娘をとられた」という対抗意識もあったと思います。

秋吉　なるほど……。

下重　そんな私が、唯一守っていたことがあるんです。毎晩9時から10時くらいの間に欠かさず電話をかけていました。

秋吉　お母さまの安否確認も兼ねて？

下重　それもありますが、私が自分自身に課したルールでしたね。地方出張していようが、海外にいようが、それだけは続けました。

今も昔も変わらないけど、自分で決めたことはきちんとやる。他人に「やれ」っていわれたことは気にも留めないけど、仕事もプライベートも、自分で意思決定したことはおろそかにせずやり遂げる。

秋吉　下重さんなりの愛情表現だったのかな。

下重　どうかしら……。義務感があったし、せめてもの罪滅ぼしという気持ちもどこかにありました。いつまでも素っ気ない娘でした。

秋吉　ある意味、お母さまに甘えていらしたのでしょうか。

下重　それはあると思いますよ。母にしてみれば、娘である私は頼ったり本音をぶつけたりできる唯一の相手だったはず。それなのに、毎晩電話はかけてくるにせよ、至ってドライな間柄だった。

秋吉　後悔している？

下重　あれはあれで仕方なかったって思ってる。自分にできる精一杯のことはやった――そう思って自分を許すようにしてる。そんな状況のなかでも、母は私の優しさを信じていたと思うんです。

秋吉　優しい娘ですよ、ストレートに表現できなかっただけで。お母さまはそれも含めてわかってくれていたと思います。

下重　やれやれ……という諦念もあったのかもしれませんが、私の生き方も尊重してくれていたように感じます。「この人は、自分とは違う道を行くんだ」と。だから、時々ですが、私も母に相談する「フリ」はしました。もちろん、フリだけですよ。本当はとっくに結論を出しているので。そういう時、母はいつも賛成してくれました。

秋吉　それこそ、信頼関係で結ばれていたのでしょう。

下重　そうはいっても、亡くなってから10年くらい後のことです。いろいろ冷静に見つめられるようになったのは。

「子ども」相手には反抗できない

秋吉　話を少し戻すと、若き日の下重さんが徹底的に反抗できたのはね……お母さまが「大人」だったからだと思うんです。臆せず感情をぶつけることができる存在だった。言い換えると、お母さまは下重さんが反抗するに値する人だった。

私の場合、母には反抗したくなかった。というのも、母は「大人」じゃなくって「少女」のままだった気がするから……。反抗できる対象ではなかった。一種、母と娘の立場が逆転している部分があったのだろうと思います。

下重　先ほども話していたわね。

秋吉　母の母、つまり私の祖母が亡くなる直前のエピソードですが、遠路はるばる故郷を訪ね、入院中の祖母を見舞った母の隣に私がいました。帰り道、何度も何度も病院を振り返る母の肩は小刻みにふるえていた……。ああ、弱い人だなあ、小さい肩だなあ。この人を守ってあげなくてはいけない、と思ったことを今でもはっきり覚えています。

下重　当時は、お母さまもまだ若かったでしょう。

秋吉　そうですね、私も20代後半くらいでしたから。何か話してあげなくちゃと思って、「おばあちゃんは立派に生きた。人生に満足して、納得して。だからきっと天国に行けると思う」

「顔をみてそれがわかった。だから、そんなに悲しまなくても大丈夫よ」

肩を抱いて伝えました。それでだいぶ――。

下重　お母さまの気持ちはラクになった。

秋吉　そんな実感はありました。だからこそ、

「あの時はちゃんとやれたのに、どうして母自身が亡くなる時には上手くいかなかったんだろう」

　これが私の背負う十字架となりました。

下重　どうしてそんなに自分を責めるの？

秋吉　自責の念よりも、母の心情を思うとやるせなくて。祖母の時、あれくらい安心させてあげられたような何かを、もしかしたらできたかもしれないのに、って……。

　冒頭で話しましたが、いよいよ体力が落ちて都内の病院の一室でケアを受けていた母は、ドクターにがんの告知をさせる隙を与えず、逆に、私と二人きりになった隙を狙ってあれこれ質問してきました。

下重　私の病気は重いの？　本当の病名はなんなの？　と……。

秋吉　はい。焼かれたら、何もなくなってしまうの？　とも。

「もしそうなったとしても、魂は変わらないのよ。肉体は着ている服みたいなもので、天国には天国の服があるの」

　そんな風に話をしたんです。

下重　よく頑張ったわね。それで、お母さまはなんと？

秋吉　なんとか腑に落ちたのか、「ああ、〝柄違いの服〟なのね」と無邪気に答えました。「この人、とんちが利いてるな」って思うとともに、この時はほっとしたんです。

下重　やっぱりね、死を前にしたかたは名言を残すものなんだと思いますよ。

カルカッタの「アンチー」

下重　秋吉さんが早稲田大学の大学院へ進んだのは、お母さまが亡くなられたあとですか？

秋吉　はい。２００７年、50歳を過ぎての進学でした。父母を見送って「親の子ども」でなくなったことで、「ここからもう一度、自分の人生が始まるんだ」という風に思えた。学問の追究は、母が望んだことでもありましたしね。

両親の死と直接の関係はありませんが、カソリックの洗礼も受けました。もともとは入信せずに、長いことキリスト教の勉強会に出ていたんです。

下重　以前から興味はあったんですね。

秋吉　ええ。子どもの頃、日曜学校に通っていたこともあります。高校生になってからは放課後、教会の神父さんに質問をしに行ったり。それからだいぶ経ってからインドを訪れたんです。

下重　映画『深い河』の撮影で？

秋吉　はい。その後、3回ほど個人で旅行しました——今から5、6年前のことでしょうか。思えば、それも不思議な巡り合わせ。航空会社のマイレージが貯まっていたものだから、「このポイントで行ける場所ってどこがありますか？」って問い合わせた。それでインド・カルカッタを目指すことに。

当初は「無言の行」を受けようと思っていたんです。

下重　誰とも言葉を交わしてはいけない、という？

秋吉　はい。ただ、あれだけ貧しい人たちがいる場所で、よその国からノコノコ観光客のような人たちがやってきて、そんな「行」を体験する。それってすごく傲慢かも、と感じました。それなら、ボランティアをしたほうがよっぽど意味がある気がして、マザー・テレサが設立した「マザーハウス」の受付センターに向かいました。

下重　そうでしたか。

秋吉　私は重度のハンディキャップを負った子どもたちのお世話係になりました。さっそく仕事を手伝っていると、現地スタッフの女性たちが「アンチー、アンチー」って、私たちボランティアのことを呼ぶんですよ。他のボランティア女性に「アンチーってどういう意味？」「〝ボランチア（volunteer）〟の略称なの？」って尋ねたら、「いいえ、残念ながら違うの」「auntieといっているんです」

つまり、オバチャンって呼ばれていたの（笑）。

下重　どんな感情が込められていたのかしら？

秋吉　現地スタッフはカースト制度で下位に位置づけられている人たちが多くて、一番きつい仕事を淡々とこなしています。ボランティアの「アンチー」たちは、もちろんみんな善意でそこにいるわけなんだけれど、病人のおむつの交換とか、トイレの始末とか、いろいろわからなくて手間取るでしょう？　そこへ彼女たちがすかさずやってきて、手際よく処理するの。アンチーには「ちょっとそこをどきなさい」なんていいながら。

下重　どうも邪険に扱われているわけですね。

秋吉　歓迎はされていない。そういう場へ富裕層が見学にやってきて寄付をしてくれたりするので、オープンにする意義はちゃんとあるんですけど、あきらかに仕事の邪魔ですよね。

そこで啓示を受けました。私、洗礼名には「アンチー」と入れよう、って決めたんですよ。聖フランチェスコの右腕だったとされる「アントニオ」という聖人がいるのですが、それを女性名にすると「アントニア」。

下重　「アンチー」という響きと含意に引き寄せられるようにして入信したんですね。クリスチャンになってからは、どんな学びがありましたか。

秋吉　話せば長くなりますが、たとえばキリスト教では、ストーリーテリングが非常に重要なのです。聖書もそうですが、すべてが「喩え話」で構成されているでしょう? 教えをとても易しく穏やかな方法で伝えるんです。

とりわけ、死について語ることはロマンともいえますね。クリスチャンには利他主義、自己犠牲が求められる。

下重　そうでなければ、あんなにバリエーション豊かな宗教画は描かれないでしょうね。

秋吉　ただ、当のキリスト教徒たちは案外のんきに構えているんです。カソリックは大乗仏教に似ているというのかなあ。必ずしも哲学的な探究ばかりに根差したものではなくて、雑談的に宗教をとらえているところがある。

「まあ、今日はお月さまがきれいね」

「もしかしたら、あの星の向こうに天国があるのかしら」

そう簡単にはそこへ行けないかもしれないけれど、あと何百年か待ったら心がけのいい聖人が現れて、「ほら、こっちだよ」ってみんなを導いてくれる……。そんなイメージを心に描くんです。

下重　お母さんにもそんな話をしてあげたかったのね。

秋吉　そうなんです。

「やわらかい雲に腰かけて足をブラブラさせながら、ちょっとだけ待っててね」

これならおそろしくないでしょう？

もちろん、キリスト教でなくてもいい。一休さんでも千夜一夜物語でもなんでも構わなかったのですが、残された時間のなかで、母を怖がらせることなく、ほっと安心させてあげられるような話ができたらよかった。今の私であれば、「柄違い」のほかにももうちょっと上手いことやれただろうに――。洗礼を受けてからは余計にそんな思いが募りましたね。

下重　いやあ、「柄違い」はなかなかのものですよ。あなたは本当に真面目なんですね。気持ちはわかるけれど、できる限りのことはしたわけですから、あんまり自分を責めないでほしいな。

秋吉　ありがとうございます。でもね、私もいろいろと不甲斐なかったんです。

だから母は、「娘が二人じゃ足りない」といったんだと思う。これを聞いた時には頭を殴られたようなショックを受けました。こんなに尽くしているのに、まだ足りていないの？　って。

下重　闘病が続いて心身が疲弊していたのでしょう。

苦情係のパンダ

秋吉　末期がんでしたから、本人がつらい思いをするような延命治療は避けたんです。切除手術も抗がん剤治療もしませんでした。いよいよ具合が悪くなるまでは、私の家で暮らして一緒に買い物や料理をしたり、犬の散歩をしたり。関東近郊に泊りがけの旅行に出かけることもありました。

　私も妹もその選択に後悔はしていませんが、母のきょうだいとはずいぶん意見の相違があって……。伯父や伯母たちは、積極的に治療を受けさせてがんと闘うべき、という考え方だったのです。

下重　それは大変でしたね。あなたたち娘にしてみれば、伯父さまたちのケアまで手が回らなかったでしょう。

秋吉　ところが、市役所の苦情係よろしく、親戚から不満をぶつけられるのはなぜか私の役目。「なんで妹にはいわないの？」と聞いたら、「きれいすぎるからいえない」「夜《や》叉《しゃ》のようでおそろしくて」ですって。

　悲しみと心労で食が細くなった妹は、日に日に青ざめて透明感を増し、おそろしいほど美しくなっていきました。

下重　青白く、スリムになっていったのね。

秋吉　一方その傍らにいる私は、ストレスが溜まるほど食欲が増すのです。いつも以上に食べ、介護のために控えるベッドの横に座り続けて身体がむくみ、寝不足で目の下にはクマができて、パンダみたいな姿になりました。私たちがピリピリしている様子が伝わったのか、亡くなりそうになっている母がしくしく泣き始めて、

「久美子がパンダになっちゃった」

いやあ、なんとも――。

下重　ごめんなさい、笑うところじゃないんだけれど……。

秋吉　いいえ、本当に喜劇みたいでしたよ。ほとほと困り果てていました。

下重　お母さま、心の内ではいろいろとわかってくれていたと思いますよ。

秋吉　どうなのかなあ。ひょっとすると、そうかもしれないですね。

ある意味、幸せな往生だったと思うんです。子どもや孫、きょうだいみんなに付き添われて。私たち、まるで白雪姫の寝台を取り囲むドワーフのようでした。

それぞれがいろいろな思いをもって悲しみ、怒り、もっといいケアがあるんじゃない

かと知恵を絞り……。あんなに恵まれた人はいないはずなのに、悲劇のヒロインのように不幸を〝満喫〟して死んだ。

下重　心を許せるあなたたちに、甘えたかったのかな。

秋吉　そうかもしれません。

下重　包み隠さず、心をみせられたのだから、やっぱり幸せだったのかもしれませんよ。

秋吉　時効なのかな。私もようやく、そんなふうに考えることができそうです。

「もう誰にも会いたくない」

死の間際、母は長兄に訴えて泣きだしました。いちばん上のお兄さんだから、父親代わりのような存在です。

「子どもには会いたくなくても、兄ちゃんには会いたいだろう?」

伯父がたしなめると、

「ううん、兄ちゃんにも会いたくない!」

また泣き出しました。母は幼子に戻ったかのようでした。

下重　そうでしたか――。

秋吉　そのあとで、母は私にもいいました。

「もう誰の顔も見たくないの。悲しくなるから」

娘としてはつらかったなあ。自分の母親のはずが、小さい子どもに先立たれるような気持ちになった。まるで逆縁の悲しみです。父が死んだ時は、「父親を亡くした」と感じることができたのに。

上機嫌な旅立ち

下重　お父さまがそうであったように、お母さまにも亡くなる前に母親らしさをみせてほしかった？
秋吉　正直、父のように達観した姿をみせてほしいという思いはあったのかも……。人間は、達観することが最終目的の一つである気がしていて。
下重　すでに話題に上がりましたが、達観できる人なんてそうそういないわよ。
秋吉　私、理想家なんです。
下重　手に取るようにわかりますよ、これまでお話ししていて。でも達観して死んだ人、私は知らないなあ。一方で、お母さまが子どものようになって亡くなったというのは、ごく純粋な存在としてこの世を去ったわけですよね。正直、羨ましい。

秋吉　本当？

下重　だって、そんなふうに終われるかたはなかなかいませんよ。それに、秋吉さんは今もなお、お母さまのことを真剣に思い続けている。私はそこまでの熱量をもって母のことを考えられません。自分のことで精いっぱい。

秋吉　うちの犬が達観して死んだんです。

身体が弱って食も細くなり、最後の2年間は食べさせるのが大変だったのに、最後の日の夜にはちゃんと食べて、嬉しそうに私の顔を舐めまわして。あくる朝、ベッドの中で冷たくなっていました。

下重　そういう感覚は、人間よりも動物のほうがしっかりしているのかもしれませんね。

秋吉　子犬の頃に狩猟犬に嚙みつかれて生死の境をさまよい、下半身に障害が残ったまま長生きしました。私たちのマサコさんがせっせと夫の世話を焼いたように、私もずいぶん甘やかして育ててしまったので、スーパーのお惣菜コーナーで売っているようなローストビーフには目もくれない「わがまま小僧」になってしまった。ところが、最後の晩餐には冷蔵庫にあった安い唐揚げを美味しそうに食べて、私がちぎって与えた讃岐うどんもペロリと平らげて、上機嫌で眠りについたまま、あの世へ旅立ったんです。

下重　ずっと大切にしてくれた秋吉さんに愛情と感謝を伝えたのかしら。

私にも愛した猫たちがいましたから、よくわかります。動物は直感が研ぎ澄まされています。至ってシンプルな存在だからこそ、ストレートに感情を示す。

一方、人間には余分なものがいっぱいくっついてくるでしょう。平安時代の十二単を重ねるかのように、全身がどんどん重たくなる。そうしなければ現実社会では生きづらいですから。私たちって、不純物の塊のようですね。

枕元の短剣

秋吉　下重さんがお母さまについて冷静に考えられるようになったのは、いつ頃のことでしょうか。

下重　少なくとも、亡くなって10年くらい経ってからですね。いなくなった直後は、落ち着いて考えることなんてできなかった。
　こんなことというと叱られそうだけど、父の時にはそれほどでもなかったのに、母が亡くなった時には……身震いするような感覚をもちました。それまでは私の前に母という屏風があって、こちらへ向かって吹きつける風を遮ってくれていた。なんとなくその陰に隠れているような感じだったけれど。

秋吉　お母さまという屏風。なんだか、「スタンドバイミー」みたいですね。

下重　そんな母が亡くなり、私を守ってくれる人はいよいよいなくなった。それと同時に、屏風が取り払われて見晴らしがよくなった気もしています。空のずっと向こうまで、見渡すことができるような……。

秋吉　心細さとともに、開放感もあった。

下重　それからね――母が亡くなってすぐに、すごい発見があったの。遺品を整理していたら、ベッドの枕元から短刀が出てきた。

秋吉　短刀ですか？

下重　「備前長船《おさふね》」の銘が刻まれている。鎌倉時代から続く名門刀工の仕事です。プロにも鑑定してもらったのですが、間違いありませんでした。

秋吉　ああ、刃物だから、鑑定書をもらって初めて、美術品として手元に置いておけるわけですね。

下重　そうそう。確かな品ですから、売れば結構なお金になるでしょうけれど。それを、母が枕元に置いていたことの意味をずっと考えていたの。

秋吉　常に死を覚悟していたのでしょうか。

下重　明治の女だから、万一の時には自分で自分の身を守るつもりだったのか。つまりあなたのいうように、死を考えながら生きていたのかなあ……と、しばらくの間はそんなふうにも考えていました。でもね、母は「命を絶つためじゃなく、生きるため」に、刀を傍に置いていたんじゃないかと気づいたのです。

秋吉　短刀によって生を実感し、明日を生きるための決意を固めていた？

下重　そんな予感があるの。

　それで、ようやく母のことがわかったような気がするんです。父や私との関係性も含めて、母はただただ耐え忍んでいたのではなくて、意思をもってそういう生き方を選んでいたんじゃないか、って。胸の奥底に溜めつづけたエネルギーが、生きる糧になっていた。

円熟を追い求めて

秋吉　私も古希。いろいろなことがあって、もう十分頑張ったんじゃないかという気がしないでもない。その一方で――かつて自分が理想とした姿には追いついていないと思っています。

下重　十分のような、まだまだのような。たとえば何ができていないのでしょう。

秋吉　真理の探究です。そのためには、もっとエネルギッシュに、勇気を振り絞って「大冒険」できたらよかったですね。ずっと、ほどほどのところで折り合いをつけて生き続けてしまった気がするから。

下重　今からそれを変えていこうとは思わない？　あと何十年かは生きるわよ（笑）。

秋吉　ところが、目指すものがちょっと変わったんです。

人生の節目の年齢ってありますけど、私はこれまで三十路、四十路どころか、「50歳の大台に乗る」だとか、還暦だとか、いっさい意識することがありませんでした。ところが70歳を目前に、つまり名実ともにシニアの仲間入りをするというタイミングで〝それ〟は、いきなりやってきたの。真理の探究じゃなく「円熟」のような領域に足を踏み入れたいという気がしてきたんです。

下重　突然そう思ったの？

秋吉　いきなりでした。思うというより、直観に近いものが降ってきた。

下重　女優という職業を意識してのことじゃないわね。

秋吉　ええ、一個の人間として。

女優としては、まさしく「七十《しちじゅう》にして矩《のり》を踰《こ》えず」という実感をもっています。自由に演技はしているんだけれど「矩を踰えない」。つまり、50年を超えるキャリアで「土台」はしっかりできているので、危うさはありません。

それとは別に、もっと人として物事に動じない、円熟に近いものを手に入れたい。これまでまっすぐで脆い「少女の幻想」のような感性を守ってきたけれど、そろそろ殻を破ってもいいのかなって。その結果、人でなしになるのかもしれないですけど。

下重　人でなしになった秋吉さん、ちょっとみてみたいわね。あなたは本当にストイックですから。

秋吉　やっと生き慣れてきた。人間は、誰でも失敗するとわかった。これからはもうちょっと肩の力を抜いて、ひらり、ひらりと生きられたらいいのかな。

長く生きてよかった

秋吉　私は生まれつき身体が丈夫ではありませんでしたが、映画でもドラマでも肉体労働が過酷で、どこかで「これが最後かも」と思って臨んできたようなところがありました。

下重　その覚悟が、あなたの女優としての仕事の質を高めたのかもしれないですね。

秋吉　そうやって自分を奮い立たせてきたけど、人間というのは案外、長く生きるものですねえ（笑）。

下重　本当よね。私も病弱だったうえ、戦争の最中に結核まで患いましたから、秋吉さんの感覚がよく理解できます。それが最近では、死は成長の過程だと考えるようになった。だから死を恐れない。それどころか「ひょっとしたら、すごく面白いことが待ち受けているのかもしれない」なんて好奇心まであるんです。

あなたは、リアルな死を意識するにはまだ若すぎるわね。

秋吉　ところが、そんなこともない。のんびり散歩している時に上から何か落っこちてきたらいいのかなって。落石、いや隕石とか……。つまり、もしも死に方を選べるのなら、思いもよらぬ事故死を神様にリクエストしたいです。

私はなまけものなので、「死に支度」だなんて考えただけで面倒臭い。書類をまとめたり、ホームや病院に入るための手続きをしたり、持ち物を処分したり。

下重　私もそんなの考えたくない。最低限、後始末については考えておかなくてはと思うけれど、死に方ぐらいほっておいてほしい。

秋吉　「あれっ?」と思った瞬間に逝っちゃうのが理想です。たとえばヨーロッパのどこかの街で小径を歩いている時に、鉢植えが落っこちてくる——チャールズ・チャップリンの映画のワンシーンにありそうですよね。あまりビューティフルではない「逝き方」こそ、人間らしくて素敵だなあって思うのです。

下重　死はまぶしいですよ。まぶしくて、こんなにときめくものはないでしょ。それでも人間ってなかなか死なない。大病してもだいたいは復活する。自分の年齢なんて普段はほとんど意識しないけれど、現実には1歳ずつ確実に歳をとっているじゃないですか。年齢を重ねるって悪いことではないな、と今では思うのよ。父や母とのことも、歳をとらなければ消化できないことだらけでした。

秋吉　そうですよね。自分自身が長く生きることで、ようやく本当の気持ちに気づけたのかもしれません。

下重　長く生きてよかった。心から感じます。それでも、母のことは未だ葬《おく》れていません。葬れないのではなく、葬りたくない——これが本当のところなのかもしれません。今や母は、私の血となり肉となり、すっかり同化してしまっているのかも。

秋吉　私もまだまだ時間がかかりそうです。円熟を手に入れなくっちゃ。

数年前、お風呂場で「誰かがこっちをみてる……」と思ったら、鏡に映った私自身の姿でした。ぽっちゃりしていた母そっくり。その後、必死にダイエットに励みましたが(笑)、母はすでに私の一部なのでしょうね。

あとがきにかえて

母の夢をみたことがない。30年以上一度もないということは、何と薄情な女かと思う。その母をなくした時、私は何をしただろうか。

脳梗塞で、救急車で運ばれるのに同行した翌日から私は熱を出し、夜は39度以上、朝になると薬のおかげで37度に下がるものの、夜にはまた発熱を繰り返し、母の病室に泊まることはほとんどできなかった。病弱だった私を、どのくらい看病してもらったかわからないのに……。

私が彼女の看病をしたのはほんの数日。意識がなくなってからはあっという間に鬼籍の人となった。風邪と思われる症状で臥せっている間は、つれあいと、偶然にも母が通った新潟の女学校の後輩だった編集者の女性が、私の代わりを務めてくれた。けっきょく最後まで、母のために私は何もすることがなかった。

内心、忸怩たるものがあるが、母はそれで満足だったのか、けっして夢に出てこない。生前、私に愛情を注ぎ、尽すだけ尽したので思い残すことがなかったのだろう。今や私の肉体の一部になり、私を見守っている。

日頃から「暁子に面倒をかけたくない」と言っていたとおり、入院後、1週間という意識のない時を経て、同室の女性に手を握られながらの最期だった。祖母（母の母）の期待に応えて学者と医者になった叔父二人とそのつれあいが駆けつけ、静かに息を引きとった。願いどおり、祖母と同じ3月18日、春の彼岸の入りに。


人の世のなべての事に堪えて来し今さら我に物おじもなし

母の辞世の歌である。普段から、思いつくとメモ帳や広告の裏に和歌を書きつけていた。その中から拾って私が編集し、母が好んだ薄紫色の和紙に「むらさきの……」と題字を書いた歌集を、一周忌までに完成させた。

母は私と共に生き、私と共に死ぬ。私が死ぬ時がほんとうに母の死ぬ時である。母を葬《おく》るのはその時だとすると、私に寂しさはない。

かつて敗戦直前の特攻隊で若い命を南海に散らした青年たちも、最後に洩らした言葉は「おかあさん」であり、遺したのは母への手紙だった。彼らは母と共にあり、戦後も母の心の中に生きた——そう考えると少しは救われる。

母とはそうした存在なのであろう。形が在るようで無く、無いようで在る。それぞれの家庭や親子によって母の在りようはさまざまだ。その「母を葬る」とは何か。

秋吉久美子さんの母と私の母、その在り方は正反対のようでいて、奥にあるものは同じ。秋吉さんが母の役を演じていたかにみえるが、実は母の掌の上であること、母を葬った瞬間に、彼女はそれを悟っただろう。

そんな彼女は、かつて妊娠した時「卵で産みたい」と言って話題になったことがある。何という名言！　私は子どもをつくる気はなかったが「卵でなら産みたい」と大いに思ったものだ。その言語感覚は、彼女の一見さり気なくみえる演技にも見え隠れする。

私たちはどこから来て、どこへ行くのか。私たちを産んだ母という存在だけがそこにある。そうした生の連鎖を、母たちはどう受けとめているのだろう。――その解答が出ないまま、私は子どもをつくらない選択をした。そして、その解答が出ないままに、やがて死を迎える。その死を迎える時、秋吉久美子さんという俳優はどんな名言を吐くのだろうか。

秋吉さんは母になった。私は母にならなかった。私に母はいるが、私は母になりたくなかった。一個人の人生を担うことなど私にはできないと思っていた。

子どもの頃から学芸会などで、誰かを演じたいと思ったことがない。自分一人でも手一杯なのに、他人を生きることなどできるはずがない。NHKにいた頃、ドラマに出ないかといわれ、実際に今でいう「朝ドラ」のプロデューサーから話があった。一瞬、心惹かれたが、どうしてもという魅力は感じなかった。たぶん、私には自分への興味はあっても他への興味がなかったのだろう。

私たちの人生には二通りの方法があって、そのどちらかを知らぬうちに選択している。一つは他を知ることで己を知る、あるいは自分を深く掘り下げることで他を知る。私は自分に興味を持つあまりわがままで、他を知るにも後者の方法しかなく、孤独を厭わない。もう一つの、他を知ることで己を知るという方法を見向こうとしない。

私たちの母もそれぞれの方法を見つけて一生を生きた。どんな方法であれ、その生き方は重い。とくに、母という名のつく女たちの人生は……。

歴史とは何か。とくに命をつないでいく女たちの歴史とはなんだろう。

私がいて、私の母がいて、私の祖母がいる。秋吉久美子さんという女性がいて、その母上がいて、祖母がいる。

歴史とは、想いを引き継ぐこと。私が母の想いを、母は祖母の想いを引き継いだ。秋吉さんは母上の想いを、その母上は祖母の想いを引き継いで、歴史は連綿と続いていく。

下重暁子

秋吉久美子　1954年生まれ。72年、映画『旅の重さ』でデビュー後、『赤ちょうちん』『異人たちとの夏』『深い河』など出演作多数。早稲田大学大学院公共経営研究科修了。著書に『秋吉久美子 調書』など。

下重暁子　1936年生まれ。59年、早稲田大学教育学部卒業後、NHKにアナウンサーとして入局。民放キャスターを経て文筆業に。著書に『家族という病』『極上の孤独』『人間の品性』など多数。

Ⓢ新潮新書

1064

母《はは》を葬《おく》る

著　者　秋吉《あきよし》久美子《くみこ》　下重暁子《しもじゅうあきこ》

2024年11月20日　発行

発行者　佐藤隆信

発行所　株式会社 新潮社

〒162-8711　東京都新宿区矢来町71番地
編集部(03)3266-5430　読者係(03)3266-5111
https://www.shinchosha.co.jp

構成　神舘和典

印刷所　株式会社光邦

製本所　加藤製本株式会社

ISBN978-4-10-611064-1 C0230

価格はカバーに表示してあります。